理解学习

| 配 图 版 |

Understanding
How
We Learn

A Visual Guide

[美] 雅娜·温斯坦　梅根·苏默拉克奇 著 / [英] 奥利弗·卡维格利奥里 绘图

陆琦 译 / 盛群力 审订

大夏书系一培养学习力译丛

盛群力　主编

华东师范大学出版社

·上海·

上海市版权局著作权合同登记　图字：09-2019-150 号

国家自然科学基金项目（61977057）：
基于智能教学系统的精准教学模式与发生机制
研究成果之一。

目　录

第一部分
基于证据的教育与学习科学

PART 1

第二部分
人类认知过程的基础知识

PART 2

致 谢

我们诚挚地感谢来自心理科学协会 (Association for Psychological Science)、思想教育 (IDEA Education)、奥弗德克家庭基金会 (Overdeck Family Foundation)、惠康基金会 (Wellcome Trust) 对于学习科学家 (The Learning Scientists) 项目的支持,同时也感谢上述组织对于我们创建以促进学习为目的、适用于教师和学生的学习资源的帮助。另外,我们还想感谢美国马萨诸塞大学洛威尔分校和罗德岛学院给予我们的支持。

我们想感谢学习科学家团队中的其他研究者辛迪·内贝尔 (Cindy Nebel) 与卡罗琳娜·库珀–泰兹尔 (Carolina Kuepper-Tetzel),他们是很棒的合作者与朋友。同时,也想向为本书提供素材、出现在本书中的教师、研究者与其他教育工作者表示感谢。

雅娜·温斯坦 (Yana Weinstein) 感谢她的博士学生与博士后导师大卫·尚克斯 (David Shanks)、亨利·罗迪格尔 (Henry Roediger) 与凯瑟琳·麦克德莫特 (Kathleen McDermott) 在过去的十年中为她的研究工作所做的付出。梅根·苏默拉克奇 (Megan Sumeracki) 也想感谢她的研究生导师亨利·罗迪格尔与杰夫·卡尔匹克 (Jeff Karpicke)。

我们也想向参与研究实验，并持续为学生学习的研究项目给予理解和支持的学生表示真诚的感谢。与雅娜·温斯坦一起研究学习科学项目的是博士生梅尔泰姆·卡拉加 (Meltem Karaca) 与马库斯·利桑德 (Marcus Lithander)，这两位协同本科研究助理莎伦·罗利 (Shannon Rowley)，为本书的第四章做出重要贡献。本科学生安玛丽·凯拉拉 (Annmarie Khairalla) 则参与了本书的术语表整理。与梅根·苏默拉克奇一起工作的是研究生卡莉萨·迪彼得罗 (Carissa DiPietro) 及本科生阿什利·巴津 (Ashley Bazin)、吉赛尔·科隆 (Giselle Colon)、伊丽莎白·格林利夫 (Elizabeth Greenleaf) 与奥德丽安娜·维托 (Audrianna Vito)。此外，亦感谢其他直接帮助过学习科学家项目的学生，他们是雷切尔·阿德拉格纳 (Rachel Adragna)、艾米丽·卡斯通盖 (Emily Castonguay)、伊丽莎白·格林利夫 (Elizabeth Greenleaf)、赛达·尼扎密 (Syeda Nizami) 和阿玛丽·杜卡斯 (Amalie Ducasse)。

雅娜感谢丈夫法比安·韦恩斯坦–琼斯 (Fabian Weinstein-Jones) 愿意全力支持她的研究与所有想法，四个孩子奥莉莉亚 (Aurelia)、凯特琳 (Katelyn)、伊桑 (Ethan) 与法比安 (Fabian) 也时常倾听她对学习策略的观点。

梅根感谢丈夫塞缪尔·苏默拉奇 (Samuel Sumeracki) 的爱意和关怀。塞缪尔·苏默拉奇亦为学习科学家项目付出了十分珍贵的贡献。梅根的母亲桑迪·斯塔克 (Sandy Stuck) 则使她的生活始终充满了学习。

最后，我们感谢本书的编辑艾丽斯·格雷 (Alice Gray)、安娜玛丽·基诺 (Annamarie Kino) 与克莱尔·阿什沃斯 (Clare Ashworth)，以及劳特利奇 (Routledge) 出版公司其他工作人员在本书编写与编辑期间的支持与指导。

奥利弗·卡维格利奥里（Oliver Caviglioli）想感谢他的妻子林恩（Lyn），他的妻子已从一线教学退役三年，但一直都耐心地聆听他关于教学策略的各种"唠叨"。她的默默支持令人感怀。

《理解学习（配图版）》简介

　　教育实践在很大程度上并不依赖于研究结论。相反，它更偏好相信我们对于如何进行最佳学习的直觉。但是，对教师和学习者而言，一味地依赖直觉并不是件好事。

　　本书旨在介绍如何将有效的、基于研究的学习策略引入到课堂实践中去。更为确切地说，本书将会探讨支持有效学习与教学策略的实证证据，讲述我们该如何做出基于证据而非直觉的判断，并以此指导如何将认知心理学的研究发现及结论直接带入课堂。

　　本书将会涵盖现实生活中的例子、案例研究、常见问答以及大量用以解释复杂概念与强调关键理念的插图。至此，本书将分成四部分内容：

　　◇基于证据的教育与学习科学。

　　◇人类认知过程的基础知识。

　　◇有效学习的策略。

　　◇给教师、学生和家长的建议。

　　本书由"学习科学家"项目的两位联合创始人——雅娜·温斯坦博士及梅根·苏默拉克奇博士所著，书中插画则由奥利弗·卡维格利奥里制作。这是一次对认知心理学能否重新焕发活力而被教育融合应用的盛大考验。我们相信，本书适用于大多数教师与教育实践者，我们会将理论研究中的概念传递至真实的教学课堂。

作者简介

我们是两位致力于教育应用研究的认知心理学家。

雅娜首先捕捉了"错误记忆"这一关键概念。

雅娜：错误记忆是我第一次在本科研究方法的课程上学到的一个概念，它指的是：我们有时候会记

梅根·苏默拉克奇（Megan Sumeracki）博士
雅娜·温斯坦（Yana Weinstein）博士

住一些没有发生或实际发生但与我们所想的不同的事情。于是，我便对探索区别于这种"错误"记忆而在客观上"正确"的记忆十分感兴趣。那时候，我的梦想就是对一个拥有特定记忆的人进行一些有趣的科学研究，然后以"正确"或"错误"的指标来判定记忆的真实性。怎么说呢——谁都有年轻且天真的时候。我当时对我的博士学生进行了这项研究，结果发现，在一项认知任务中是很难分辨真实记忆与错误记忆的。后来，我加入亨利·罗迪格尔的实验室，在那里我学到了如何将记忆研究与教育相融合。现在，基于我对认知心理学以及对思维是如何加工并记忆信息的理解，我的研究

热情已转向对学生学习的最佳方式的探讨。

梅根从本科开始就从事认知研究，因为她对教育有兴趣。

梅根：在大三的时候，我申请了美国普渡大学的一项"研究焦点"的荣誉项目，并在平日没课的时候去中小学代课——为了集中教学时间，我一次只安排两天休息。我喜欢在课堂里与学生相处的时光，这使我对与教育相关的一切都十分热爱。我在杰夫·卡尔匹克的学习实验室进行我的荣誉研究项目，在那里我开展了学习的应用研究。这一过程让我对研究的热情与日俱增，且愿意不断地深入学习认知心理学，并探究其在教育方面的应用。我找到了我的研究热情，因而最终形成了想要改变教育现状的决心。

你们做的是什么类型的研究？

雅娜：我的研究兴趣是提升记忆以及学生对自己的认知功能的判断准确性。我尝试提出一些与记忆应用直接相关的问题，如：我们如何帮助学生选择最佳的学习策略？为什么测试分数有时候会出乎学生自己的意料？提取练习是如何帮助学生学习的？

梅根：我的专长领域是人类学习与记忆以及教育背景下的学习科学应用。我的研究项目聚焦于基于提取的学习策略和有助于促进提取而发展课堂中有意义学习的相关活动。我关注以下几个实证问题：什么形式的提取练习可以促进学生学习？怎样的提取练习活动可用于不同类型的学习者？以及，为什么提取能促进学习？

你们为什么要写这本书？

我们写下这本书是为了能够将这场基于证据的学习策略的讨论持续下去，我们的推特账号是 @AceThatTest，欢迎参与! 起初，我们创设"学习科学家"的项目是想让与学习相关的认知心理学研究变得更易获取，以此为全世界学生的学习带来积极影响。而更为关键的是，我们致力于打破学术研究的壁垒，与更多相关的人员，而不仅仅是我们的同事，一起探讨研究与教育。

你们是如何开始"学习科学家"项目的？

雅娜：在 2016 年 1 月的某个晚上，我正在自责没有充分地将学习的相关研究传递给学生，所以我决定在推特上做一番尝试。我搜索了"明天的测试"，然后发现很多学生都在抱怨自己对即将到来的测试没有做好准备，又或者是觉得自己对学习还不够专注。我一一回复了这些学生的评论，并给予了他们可用的建议。

梅根：差不多与雅娜在同一时间，我创建了一个新的专业推特账号，并尝试在推特上发布认知心理学的学习任务，我的学生可以从 @ 中找到任务并下载相关文章。任务的发布是个令人头疼的问题，好在这一过程中，我与雅娜再度建立了联络（我们都在圣路易斯华盛顿大学，但并没有在一起工作）。而当我认识到她正在做的事后，我马上就加入了她的阵营。

后来，我逐渐意识到如果我的账号发布的全是这些内容，我的学生可能会陷入混乱，所以我建议我们最好重新创建一个官方的推特账号来专门发布学习任务。这就是"学习科学家"项目的推特账号（@AceThatTest）的诞生过程。随着时间的流逝，我们已经拥有了 10000 名以上的关注者，且这一项目的发展也已远超于推特账号而逐渐形成一个庞大的结构。截至目前，我们有了活跃的博客、多项资助支持的研究以及科学沟通项目、播客，再加上这本书。

是什么驱使你们做了这些事？

我们都对教育充满热情，希望能为人们提供有效学习和教学的工具。

你们希望读者用书中的知识做些什么呢？

　　　将它们应用于自己的生活吧——毕竟，每个人都在努力学习！

插画作者简介

你是谁?

  我之前是一名特殊学校的校长,我从儿时起就对视觉沟通十分感兴趣。我的建筑师父亲指引我学习了图表、印刷以及美术。所以,当我成为一名特殊学校的老师时,视觉绘写的兴趣便为我的工作带来了很多便利。而在与教育心理学家一起工作的数十年中,我发现自己日益精湛的绘画技能得到了越来越广泛的应用。

奥利弗·卡维格利奥里 (Oliver Caviglioli)

你是如何用你的可视化工具来辅助学习的?

  除了为书籍绘制图解,我也创设了一些海报、幻灯片以及设计文稿。这里介绍一款叫作《绘写笔记》(sketchnotes) 的软件,它是由现场的会议展示而制成的笔记。或者,这么说——举一个更轻松的例子,它也可以手绘书中章节的摘要。《纸巾绘写》(Napkin sketches）与手绘相似，但它描绘的重点是概念的结构或过程的阶段。这两种绘写作为教学工具在分析和解释步骤时均可发挥重要作用。

你之前与学习科学家一起工作过吗？

是的，去年我们有过一次合作。我为认知心理学界定的六种顶尖学习策略绘制了一组海报。这组海报目前被翻译成数种语言，且广泛张贴于各国课堂的墙上。

你在与学习科学家的合作中有何收获？

我体验到了最好的教育！当我们讨论如何才能以最佳的视觉效果呈现研究中的某些概念时，例如，雅娜和梅根为我提供的解释会贴心地契合我自己的理解水平。提出问题并建立自己对问题的良好理解是一种享受，这对概念插画的设计也十分重要。而且，这些插画又会成为雅娜和梅根为我提供的解释的有效性的反馈。这是个完美的学习循环！

第一部分
基于证据的
教育与学习科学

第一章
科学与教育实践的沟通障碍

西药研发：提出某种药物，尝试用科学的方法证明其疗效超过安慰药剂，并投入市场推广。

正如医学领域适用的法则所述，我们支持对教与学的策略先进行测试。

令人担忧的是，我们关于如何学习的直觉通常会比现实更令人信服。

在很多情况下，直接使用我们关于如何学习的直觉判断会给我们带来不利。

只有极少数的教师教育课程会涵盖认知心理学中与学习相关的内容。

教师培训教科书以及相关课程有时会成为传播学习相关的迷思的渠道。

理论研究与实践之间的矛盾远不止是一种沟通障碍。

有很多理由可以解释为什么教师不愿意参与基于证据的教学实践。

我们致力于开辟研究者、教师以及学生这三者之间的沟通路线。

不幸的是，在绝大多数情况下，我们的教育实践并不会去参考那些研究结论。相反，我们总是倾向于依赖我们自己对于如何教授以及如何学习的直觉——而这通常并不会带来什么好的结果。

西药研发：提出某种药物，尝试用科学的方法证明其疗效超过安慰药剂，并投入市场推广。

正如医学领域适用的法则所述，我们支持对教与学的策略先进行测试。

1928 年，亚历山大·弗莱明（Alexander Fleming）休假回来后，偶然发现了新的变异菌落，这一发现帮助他成功地找到了盘尼西林，也就是能有效对抗细菌感染的"青霉素"（Ligon, 2004）。虽说这一发现只是一个意外，可实际上亚历山大从事与青霉素相关的研究已经持续了好几十年，在这漫长的研究中，亚历山大反复地进行新旧药物对比的临床实验，并由此来确定各种药物对抗细菌感染的作用（Abraham et al., 1941）。这样的一套研究流程其实也是现代西药研发所遵循的主流法则：先提出某种药物，然后用科学的方法对其进行测试或实验，而当其治疗效果显著超越安慰药剂时，再将其投入市场。认知心理学家在做教育学的研究时亦要遵循与之类似的流程。

当然，任何一种药都不可能永远有效，所以医生会根据不同的环境、条件以及个人开设不同的药物及剂量。

然而，亨利·罗迪格尔在 2013 年指出：不幸的是，我们的教育实践在绝大多数情况下都没有参照研究结论［这很正常，因为教育实践并不等同于探讨药物如何发挥效用的研究，或者详见海恩斯、德弗罗和盖亚特（Haynes,

亨利·罗迪格尔（Henry Roediger）

Devereaux, & Guyatt）在 2002 年关于"证据不能下决断，下决断的只有人"的相关探讨]。

相反，教育实践往往会被那些可疑的证据，如未经检验的理论——又或者，更为糟糕的——谋求利益的经济团体制定的营销策略，所刻意"引导"。这样的担忧并不是最近才有的。举例来说，弗雷德·克林格勒（Fred Kerlinger）（一位出生于 1910 年的美国教育心理学家）在 1977 年美国教育研究协会的会议上，就曾对此事做过一篇主席报告。他尤其强调教育应该将更多的精力和目光放到基础研究上——旨在厘清人们是如何以及为什么学习，并会由此做出怎样的行为的一类研究。在本书中，我们会先回顾一些重要的基础研究——感知、注意以及记忆——但同时，我们也会关注相应的应用研究——将我们在基础研究中所了解的内容应用于现实生活中的问题和情境。

我们该如何判断某一项教学或学习策略是有效的？

如果有证据能够支持某一策略的有效性，那我们无论如何都应该尝试去接受它，但随着科学的进步和发展，我们也要注意保持观念上的灵活性。你可以试想一下，你会给孩子吃那种还没经过科学检测的药吗？又或者更糟糕的，给孩子吃那种已经通过科学检测但实际根本没用的药？再换一种情况，你会带孩子去看那种诊断不依靠最新科学，只会拿自己的观点和直觉夸夸其谈的医生吗？当然不会！这一点我们都很清楚。那我们再来思考一下占星术和天文学的区别，大多数人可能知道这两者其一是科学，而另一种则是……一个有趣的消遣，但更多的就未必了解了。

然而，当我们谈论的对象是"学习"这种含义十分广泛的概念时，这便意味着有多个不同的科学领域可与之对应。在第二章中，我们会介绍关于我们如何学习的多种研究证据。基于本书的写作目的，我们会主要关注"认知心理学"，因为这是我们的专长领域。认知心理学通常被定义为是一种对思维的研究，包括研究感知、注意以及记忆的过程（不要和神经系统科学混淆，后者

天文学 VS 占星术——其中一种是科学，另一种不是。

令人担忧的是，我们关于如何学习的直觉通常会比现实更令人信服。

关注的是大脑的功能运作）。这一领域的研究能够帮助我们更好地理解学习，也就是先根据我们对思维的已知来做出假设，然后通过实验来测试并验证这些关于学习策略的假设。

值得注意的是，有一种不同类型的证据是我们的直觉。因为通常来说，我们关于如何学习的直觉会比现实更令人信服。

举个例子，如果让一组学生反复阅读一本教科书，那他们就会变得越来越自信，认为自己在之后的测试中一定能够取得好成绩。与之对照，如果让另一组学生直接进行测试，那他们便不会对自己的表现充满自信——因为这些测试让他们感到困难。但就实际而言，那些参与测试的学生的成绩反而比反复阅读教科书的学生的成绩要好（关于这一研究详见第九章）。也就是说，在这种情况下，以及在其他很多类似的情况下，直接使用我们关于如何学习的直觉并不能为我们带来益处。

依赖直觉而非科学，有时候还会导致我们生成虚假乐观。我们每个人都会遇到一个因为幸运或机缘而让自己发现某个显著结果的时刻，但是，这个显著结果并不意味着某一特定的方法会一直都有效。举个例子，想想体育吧。如果你是一名美式橄榄球的爱好者，那你肯定会记得四分卫横跨场地，而后成功持球触地并达阵得分的那一刻。但是，我们都知道这种神级操作的传球并不会每次都成功，所以，想要在每一场比赛中都尝试使用这种跨场传球的做法是错误的。从长远来看，这很有可能会增加队伍失败的次数。

在第三章和本书的其他章节中，我们将会继续讲述这一情节，并讨论其他的一些直觉会对我们产生误导的学习情境。

其实，不仅仅是我们的直觉常会误导我们自己，我们也会误导他人。"学习风格"（Learning Styles）这一概念就是一个典型的例子，根据研究论证（Rohrer & Pashler, 2012），它指的是在某个并不能够增加学习的练习实践中所花费的时间、金钱与精力。但你耳中听到的概念可能是这样的："学习风格"描述的是一种观念，支持学生以各种不同的方式实现最佳学习。而最常见的"风格"便是视觉型与言语型风格：前者说明有些人是视觉型学习者，而后者则指向喜欢言语方式的学习者。更为重要的是，学习风格的支持者们认为，为了能够最大化学生学习的效果，我们应该根据每个学生的个人学习风格进行教学"匹配"（Flores, n.d.）。

在很多情况下，直接使用我们关于如何学习的直觉判断会给我们带来不利。

然而，通过对科学文献进行完整的回顾梳理，有一个卓越的研究团队指出没有证据可以支持这一观点（Pashler, McDaniel, Rohrer, & Bjork, 2008）。换言之，在现有文献中并不存在可以论证教学与学习风格的匹配在整体上能帮助学生学得更好的对照实验。在第四章中，我们会对这一问题以及其他迷思进行更深入的探讨。总的来说，我们就是不想让教师和学生在那些根本没用的策略上浪费时间（详见上述）。

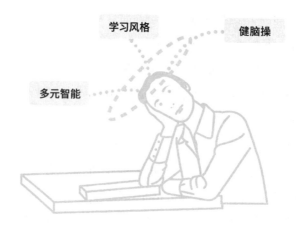

尝试实施这些策略可能并不是对时间的最佳利用。

教师与学生在认知心理学中该学什么？

我们认为，研究者、教师与学生在关于学习的研究上应该有一次开放的交流对话。对任何一方来说，相互对话都会是一个利益最大化的选择。这不仅有利于将学习科学的理论内容真正释放到课堂中去，还能帮助找出其他有助于教师教学与学生学习的研究。及此，你可能会产生一些疑问：学习科学中的内容是如何真正落实到教学中去的——包括用来培训教师——或者说，教师是如何看待在教学实践中应用认知心理学的研究发现的？

拉斯基、里夫斯、甘利及米彻尔（Laski, Reeves, Ganley, & Mitchell, 2013）曾专门询问过那些参与全美小学数学培训的教师们，想收集他们对于"认知心理学到底对数学教学有多重要"的问题的观点。结果发现，绝大多数教师都认为认知心理学的应用很重要，但只有其中的少部分教师能够实际指出某一或某些相关的研究资源（即认知心理学期刊）。而当被问及平时多久会阅读一次与认知研究相关的期刊，并应用到教师培训实践中时，绝大多数教师都会干脆地回答"从不"。这一调查结果引人深思，可能的原因是期刊文章虽然不胜枚举，但其中多使用专业术语，且付费门槛的设置也让很多未接受高等教育的人很难真正接触到这些资源。

更进一步地说，根据最近的报告（Pomerance, Greenberg, & Walsh, 2016）所示，在全美，只有极少数的教师教育课程及其教科书会涵盖认知心理学中与有效学习相关的内容。

基于上述，我们从认知心理学的研究中总结了六条已得到强力实证的策略——我们会在本书的第八章至第十章中展开介绍——值得注意的是，这些策略尚未系统地融入课堂中，成为学生学习经历的重要组成。

讨论至此，相信你也发现了，现有的很多教科书大多都会掩盖或彻底忽视学习策略，但这些策略

只有极少数的教师教育课程会涵盖认知心理学中与学习相关的内容。

间隔练习	交错学习
间 隔	
测试 绘写	
	主题
提取练习	具体例子
书写 绘写	我的文件夹
精细加工	双重编码

基于认知心理学的研究所提取的六条有效学习的策略。

其实早在 20 世纪就得到认知心理学的研究支持。

此外，我们也担心这些教师培训的教科书以及相关课程有时会成为传播关于学习的常见迷思的渠道。我们会在第四章中展开更多讨论。

教师培训的教科书以及相关课程有时会成为传播学习相关的迷思的渠道。

根据全美教师质量委员会（NCTQ）在 2016 年发布的波默兰斯与他的同事们的报告显示，目前委员会正在筹备以认知心理学研究为根基的教师培训项目。而其他一些教师培训机构，如"领导者影响"（Deans for Impact）也发声支持建构基于实证的教师培训项目。然而，类似于全美教师质量委员会所推行的培训项目实则寥寥无几。

下面这张图展现了六条有效学习策略的内容在美国常用的 48 本教师培训教科书中的分布情况。若每一条策略在每本教科书中均有涉及，那就应该会有

288 条相关检索（48 本教科书 ×6 条策略）。然而，我们在这里所列举的绝大多数的教科书（59%）都是"只字未提"，少部分教科书虽然有提及，但也只是"只言片语"。下图改编自波默兰斯和他的同事们的报告。

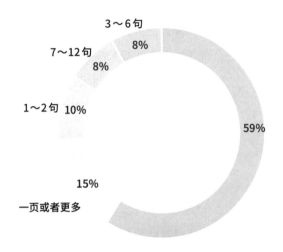

我们的研究对于教师而言是遥不可及的吗？

　　要知道，"理论研究—课堂实践"并不是一条直通的道路。虽然我们在过去的两年中不断地尝试在公共领域推广学习科学，但理论研究和实践之间的矛盾远不止是领域之间的一种沟通障碍。

　　其实，有很多理由可以解释为什么教师不愿参与"基于研究证据的实践（循证实践）"。例如，阿拉巴马高中的心理学教师布莱克·哈佛德（Blake Harvard, 2017）在他的博客"不竭努力的教育者"上就列举了三种不同的原因：缺乏时间、缺少接触学术期刊的渠道以及对解读这些专业文章感到困难（不过有趣的是，拉斯基等人发现教师在阅读认知心理学的期刊时所感知到的难度与他们是否会选择阅读这些文章之间并没有强联系）。

　　道恩·科克斯（Dawn Cox）是英国的一名宗教教育教师。针对教师不愿与研究者合作的原因，她为我们提供了额外的解释，比如教师对于改变会感到

理论研究与实践之间的矛盾远不止是一种沟通障碍。

不安、研究结论不够令人信服以及难以接受与自身直觉相悖的研究结果（Cox，2017。详见第三章关于"使用直觉来制定关于教学与学习决策所产生的相关问题"的阐述）。

除此之外，教师对研究者缺乏信任也是导致教师不太愿意接受那些在理论研究中被认定为是有效的教学实践的一个原因。在教师看来，研究者是日常难以接触且远离真实课堂的人，由此，研究者站在课堂外所提供的建议也就变得"难以服众"。这种信任缺失是可以理解的，因为研究者总是遵循着自上而下的流程"创造"和"传播"理论知识（Gore & Gitlin，2004）。这就不可避免地造成了教师与研究者之间缺乏双向的沟通——这也正是我们努力想要改变的现状。

有很多理由可以解释为什么教师不愿意参与基于证据的教学实践。

在日常教学中，教师需要从各种资源渠道整合大量信息来帮助学生学习。所以，一方面，我们需要努力让所有的教育工作者（不仅仅是教师）都能

"
教师与学生应该拥有接触相关研究资源的渠道，并有时间进行阅读，讨论如何真正落实到课堂中去（2017）。
"

布莱克·哈佛德（Blake Harvard）

接触到研究资源，都能了解与他们的教学密切相关的研究结论。另一方面，我们也需要努力让教师与研究者能够进行开放的双向沟通。如此，这一横亘在理论研究与教学实践之间的问题便能得到妥善地处理与解决。我们编写本书的目的也正在于此：致力于开辟研究者、教师以及学生这三者之间的沟通路线。本书既是我们"学习科学家"项目中的一个成果，也是我们尝试将教育中的各类群体关联起来的一种方式。其实，早在 2016 年，我们就启动了"学习科学家"项目，目标是让学习科学的研究能

我们致力于开辟研究者、教师以及学生这三者之间的沟通路线。

自上而下

双向

研究者

教师

研究者

教师

在上下型沟通中，研究者自上而下地传递他们的知识。而在双向型沟通中，教师会与研究者进行对话并相互学习。

够与学生、教师以及其他的教育工作者更为"亲近"。除此之外，我们也做了很多公关推广工作，包括定期更新博客、开放关于有效学习策略的多种语言的PPT与海报的下载、收录播客、打造活跃的社交媒体形象、与学校开展各种正式与非正式的合作等。

在下一章中，我们会讨论多种不同的关于学习的研究证据，并指出这些相关的研究结论是如何从实验室真正地走向课堂（第二章）。而在第三章，我们则会在此基础上继续探讨为什么我们自己（以及其他人）关于如何学习的直觉会为我们带来不利。最后，作为本书第一部分的终章，我们会介绍一些教育领域中常见的迷思，包含它们的起源以及能够克服它们的可能办法（第四章）。

无论你是一名教师、家长、学生，还是一位单纯对探讨人类如何学习而感兴趣的个人，在这本书中，你都能找到想要的答案。

本章小结

对那些致力于将自己的研究成果应用到教育领域的认知心理学家来说，他们的目标就是希望通过自身的努力，让教育的所有利益相关者（教师、学生、父母、政策制定者以及其他人群）都能真正地接受并去实践那些在研究中已被科学证实为有效的理论。但现实的情况恰恰相反，很多可疑的证据，诸如未经检验的理论——又或者，更为糟糕的——由某些经济团体为谋求利益而制定的营销策略，往往会"引领"教育的新风尚。这是本书也是我们在实际的推广工作中努力想要改变的地方，让教师、学生、家长以及其他教育工作者能更为便捷地接触到认知心理学的研究。

参考文献

Abraham, E. P., Chain, E., Fletcher, C. M., Gardner, A. D., Heatley, N. G., Jennings, M. A., & Florey, H. W. (1941). Further observations on penicillin. *The Lancet*, 238(6155), 177–189.

Cox, D. (2017, April). Research in education is great … until you start to try anduse it. *missdcoxblog*.

Flores, M. E. (n. d.). Teaching & learning styles [Presentation].

Gore, J. M., & Gitlin, A. D. (2004). [Re] Visioning the academic–teacher divide: Power and knowledge in the educational community. *Teachers and Teaching*, 10, 35–58.

Harvard, B. (2017, June). Disconnect in the classroom [Blog post]. *The Effortful Educator*.

Haynes, R. B., Devereaux, P. J., & Guyatt, G. H. (2002). Physicians' and patients' choices in evidence based practice: Evidence does not make decisions, people do. *BMJ: British Medical Journal*, 324, 1350.

Kerlinger, F. N. (1977). The influence of research on education practice. *Educational Researcher*, 6, 5–12.

Laski, E. V., Reeves, T. D., Ganley, C. M., & Mitchell, R. (2013). Mathematics teacher educators' perceptions and use of cognitive research. *Mind, Brain, and Education*, 7, 63–74.

Ligon, B. L. (2004, January). Penicillin: Its discovery and early development. *In Seminars in Pediatric Infectious Diseases*, 15(1), 52–57.

Pashler, H., McDaniel, M., Rohrer, D., & Bjork, R. (2008). Learning styles: Concepts and evidence. *Psychological Science in the Public Interest*, 9, 105–119.

Pomerance, L., Greenberg, J., & Walsh, K. (2016, January). *Learning about learning: What every teacher needs to know [Report]*.

Roediger III, H. L. (2013). Applying cognitive psychology to education: Translational educational science. *Psychological Science in the PublicInterest*, 14, 1–3.

Rohrer, D., & Pashler, H. (2012). Learning styles: Where's the evidence? *Medical Education*, 46, 34–35.

第二章
教育中各种不同类型的证据

我们写这本书的目的就是告诉你我们已知的认知视角中的学习。

我们在本书中主要使用的量化数据包括学生在各种测验和评估中的成绩。

实验操控（或随机对照实验）能帮助我们发现因果关系。

厘清认知心理学与神经系统科学之间的区别很重要，但人们在这方面的认识总是匮乏的。

行为心理学、认知心理学、神经系统科学皆来自实验学。

在"从实验室到课堂"之模型中，我们起步于基础的实验室，并将之逐步应用至课堂。

研究结论在对外传播时可能会被曲解。

证据有时会相互矛盾，使我们更难从中得出正确结论。

书籍、博客以及其他形式的媒体都很有用，但这些工具需要用到"点子上"。

认知心理学中的实验法使我们可以探寻学习当中存在的因果关系。这些研究结论在走出实验室后需要仔细地与教育的利益相关者进行沟通，从而确保传递的结论不会被曲解。

我们写这本书的目的就是告诉你我们已知的认知视角中的学习。

教育中所谓的"基于证据"的方法到底是什么意思？毕竟，我们在制定决策或用以支持已定决策的证据类型有很多种（详见第三章，我们会详述这种"确证偏误"——我们总是会去寻找那些能够支持而非驳斥我们的观点的信息的倾向）。那么，什么才算是好的证据？其实，这些问题的答案取决于你的价值观、背景和目标。我们写这本书的目的就是告诉你我们已知的认知视角中的学习。

我们所掌握的关于学习的知识会反映我们的价值观（即学习是重要的）、背景（比如，我们是想要将研究应用至教育中的认知心理学家）以及目标（与教师和学生交流学习科学的内容）。在阅读完以我们的视角所呈现的这些信息后，你，读者，就能够补充新的观点以完善你对学习的理解，更进一步，你还能将你在书中发现的有用的信息整合到你自己的学习或教学方式中去。

关于我们如何学习的各种实证证据

关于我们如何学习的实证证据（即数据驱动）可追溯至多个领域，如关注激活老鼠大脑内的单个细胞的神经系统科学研究（Hölscher, Jacob, & Mallot, 2003），又如收集个体教师或学生的表述、态度和感受等信息的采访研究（Ramey-Gassert, Shroyer, & Staver, 1996）。前者以量化为主（以数字的形式收集数据），后者则主要属于质性研究（以言语的形式收集数据，但有时这些数据也会被量化处理以做分析，这就是所谓的"混合方法"设计）。值得注意的是，在本书中，我们讨论最多的是量化数据，因为我们需要收集这些数据来做分析。不过，我们在本节开篇处提到的老鼠实验中关于激活单个细胞的相关数据并不属于本书探讨的数据类型。我们主要关注的是教育领域，因此使用的量化数据多是学生在各种测验和评估中的成绩。当然，学生学习的自我报告［如，我们经常要求学生去预测他们在学完某一特定课程后的表现（Smith, Blunt, Whiffen, & Karpicke, 2016），或对自己的测试成绩做个预期（Weinstein & Roediger, 2010）］也在我们的观测范围中。

　　我们在本书中对量化数据的聚焦，并不意味着我们认为量化数据就比质性数据重要——这两种数据对于理解我们如何能够积极地影响教育皆为关键。例如，我们需要观察并采访小组的学习活动，这样才能更好地理解哪些策略适用于课堂教学。不过，在关于影响学习的因果解释上，只有高度控制变量的实验研究才能得出相关结论。

我们在本书中主要使用的量化数据包括学生在各种测验和评估中的成绩。

描述性与预测性研究

　　尽管各种方法在理解学习的过程中皆有"用武之地"，但实验操控（或随机对照实验）的地位依旧独一无二，因其能帮助我们发现其中的因果关系。

　　认知心理学家有时会使用随机对照实验来判断某个变量是否会带来学习的增减效应。这一过程可分为如下几个步骤：首先，我们要随机地将学生分至不同的小组中，这使得所有小组在实验开始时皆处于同等地位。其次，在每两组中，我们需要改变实验组的某个 / 些变量（如学习策略的类型），并让另一对照组尽可能地保持不变。这一步操作的关键就是要将我们需要的那个变量给"分离"出

实验操控（或随机对照实验）能帮助我们发现因果关系。

来，这样它就能显示出不同小组之间的区别。同时，我们需要确保有且仅有一种变量被系统地改变了。（注意，有时候我们可以一次性系统地改变多个变量，但这种操作涉及更为复杂的设计。）最后，我们需要测量不同小组中的学习情况。如果实验组与对照组相比显示出了更好的学习结果，那就可以应用随机分配和适当的操控来正式开展实验了，并且也可由此推论实验组的某个／些因素的确促进了学习。例如，如果我们将学生随机分为安睡组和熬夜组，且通过测试发现熬夜组的学生对已学知识的记忆不如安睡组，那我们就可以得出结论：缺乏睡眠有损学习［详见沃克（Walker）和斯蒂克戈尔德（Stickgold）在 2004 年所做的文献综述］。当然，我们并不会只做这一个实验。从单个实验中收集到的证据虽然可以支持某个结论，但只有从多个不同背景下所做的多种不同的研究中所收集到的证据才能真正地为教育决策提供支持。

实验也可以使用"组内设计／被试内设计"，它指的是每个参与实验的个体皆作为一种变量控制。在这些实验中，每个人需要参与体验所有的实验条件。而为了确保实验条件的顺序或材料不会影响到实验结果，研究者会打乱过程中所涉条件和材料的顺序，这一操作就是平衡抵消法。在实验中实现平衡设计的方法有很多，研究者正是通过这种操控才得以判断变量之间的因果关系。不过，有关如何在实验中巧妙地设计平衡抵消法并不属于我们的讨论范畴，故不再继续展开。我们想要强调的是，即使实验使用的是组内设计并让参与者体验了各种学习条件，我们在判断变量之间的因果关系时，仍旧需要保持实验控制并排除其他一些可能解释结论的原因（如顺序或材料影响）。

实验研究法有时也会拿来与相关研究法进行对比。不过，相关研究只能导出变量之间的相关而无法确定因果，如学习与很多变量之间都存在相关。这种方法通常涉及测量两个及以上的变量，研究者借此可观察其中两个变量之间的关系水平。如果这两个变量是有关系的，或是相关的，那我们就可以用其中的一个变量去预测另一个变量的水平。变量之间的相关性（相关系数）

越大，那用其中某一变量来进行预测的准确性也就越高。不过，这种相关性并不能说明变量之间的因果关系。换句话说，即使我们发现了一对相关变量，也不能由此判断这两个变量之间存在因果关系，并说明这种关系的方向性。因为除了这两个变量之外，还可能是其他变量导致了这两个变量之间的相关关系。

例如，在调查医学生的睡眠与学业成就的关系研究中，研究者发现学生们一个学期的睡眠质量与他们的医委会测试成绩相关（Ahrberg, Dresler, Niedermaier, Steiger, & Genzel, 2012）。由此，其中一个可能的结论就是低睡眠质量导致了低成绩，但同时，另一种可能的解释也说得通。也就是说，根据我们思考角度的不同，变量之间的因果关系的方向是可以改变的。也许，是有着更好的成绩致使学生能够更好地进行放松和睡眠，而糟糕的成绩则使学生变得焦虑而难以入睡。除此之外，第三个可能的变量，如遗传方面的因素也可能导致睡眠障碍和低学业成就。所以说，解释相关的"可能性"是无穷的，相关并不能告诉我们睡眠和学业成就之间的因果关系的性质。

另一个与相关研究有关的问题是有时两个完全不相关的变量在某一实验中也会"突然"变得相关。有一个叫作"虚假相关"的有趣网站（现在也有一本书叫这个名称; Vigen, 2015），该网站用曲线图将所有变量随机配对，结果碰巧成全了某对变量之间的相关性。例如，下页图呈现的就是未来十年奶酪的人均消费量与夏威夷的律师数量的变化趋势。也许你会思考有没有什么原因可以解释这两个变量是相关的，但最大的可能其实就是"巧合"！（详见反例）

总的来说，实验研究能够避免上述这些问题，更为直观地呈现变量之间的因果关系，因而我们也更喜欢用这种研究法来推导学习的相关结论。尽管有很多学科都可以使用实验研究法，但我们特别关注的仅是其中的一门学科，即认知心理学。

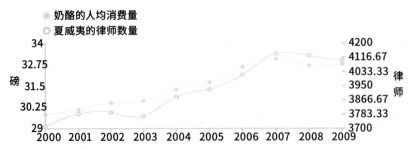

奶酪的人均消费量（美国）与夏威夷的律师数量之间的相关关系

相关性 98%；来源：USDA & ABA tyervigen.com

如图所示，奶酪的人均消费量与夏威夷的律师数量之间的相关关系是虚假相关。数据来源于 Vigen（2015）。

大脑、心理与行为

在本书中，我们主要关注的便是认知心理学中的研究结论。然而，这一领域的研究有时候也会与神经系统科学混淆，比如，认知心理学中有关"主流媒介"的说法就常会与"神经系统科学"一词一起出现在标题中［如，详见专栏作家在 Online Universities.com（2012）上写的博客，研究者在使用认知心理学的研究结论时也会附上很多与"神经系统科学"挂钩的参考文献］。

厘清认知心理学与神经系统科学之间的区别很重要，但人们在这方面的认识总是匮乏的。

有个很简单的解释可以说明认知心理学与神经系统科学之间的区别。前者关注的是对心理的解释，而后者则旨在解释大脑中发生的一切。例如，认知心理学家在探讨记忆并尝试解释我们为何会遗忘或记住某些事物时，往往会涉及对如编码、存储与检索等抽象过程的讨论。而神经系统科学家聚焦的则是精准地描述这些抽象过程在大脑中的物理运作。由此，我们认为相较于神经系统科学，认知心理学是现阶段更适合教师与学习者参考并将之应用到课堂中的知识基础。认知心理学的研究不仅有更为丰富的历史积淀，而且能帮助我们更为直观地了解我们是如何学习的，而非强调要精细地理解学习在大脑中的活动过程。

大约在 20 多年前，有一篇叫作《教育和大脑：一座过于遥远的桥梁》（Bruer, 1997）的文章面世了。作者严肃地指出很多大脑研究的相关结论正在被误用至教育领域，这是对真实科学的简单化和错误理解。我们会在第四章重点探讨这些错误理解（迷思）。与此同时，布鲁尔（Bruer）还建议我们应将注意力放到认知与教育（本书的目的也正在于此）、认知与神经系统科学之间的间隙上，努力架构这些领域之间的沟通渠道。换句话说，即使我们知道很多关于认知的知识，也了解很多关于大脑如何运作的过程，但这两个领域依旧缺乏联系，这会导致我们对认知过程是如何映射在大脑之中的理解不足。

神经系统科学迄今发现了大量关于神经元及其突触的相关结论，但仍不足以用来指导教育实践（1977）。

约翰·布鲁尔（John Bruer）

20 多年前，布鲁尔的说法引人深思；11 年前，《教育中的神经系统科学：好的、坏的与丑陋的》（Roediger, Finn, & Weinstein, 2012）一书中的某个章节依然如此；今天，仍具有震慑力。而时至今日，我们也还是要持续思考大脑研究与教育领域之间的关系（Smeyers, 2016）。其实，为了拉近这两个领域之间的距离，研究者们正在进行各种勇敢的尝试（Hardt, Einarsson, & Nader, 2010），而且很多关于记忆在神经方面的研究也有助于增进我们对学习的理解，相关内容会在第七章进行详细论述。另外，在丹尼尔·安萨里（Daniel Ansari）与他同事们的文章中，你可以看到研究者们对未来神经系统科学在教育中所发挥的作用的积极展望（Ansari, Coch, & De Smedt, 2011）。

"

我对于未来我们在神经系统科学与教育领域之间建构更为和谐的关系保持乐观，我相信我们定能够在未来更好地理解孩子是如何学习的，并据此推动教育进步（2014）。

"

丹尼尔·安萨里（Daniel Ansari）

行为心理学、认知心理学、神经系统科学皆来自实验学。

由于我们仍然无法直接地测量人的心理过程，因而我们能做的便是观察并测量行为，由此来推导所观察到的行为背后的心理过程。事实上，认知心理学这一领域正是从观察并测量行为的行为主义中发展而来，只不过行为主义本身并不包含认知方面的解释。

认知心理学与行为主义都需要测量行为（如测试中的表现），因而在提供教学与学习方面的建议时，这两个领域通常会观点相融（Markovits & Weinstein, 2018）。行为心理学、认知心理学以及神经系统科学皆来自实验学。但对我们而言，我们更偏好使用认知的研究方法，因其不仅能为我们提供关于哪些学习策略是有效的相关信息，也能帮助我们理解为何特定的学习策略会比其他策略更为有效。

"从实验室到课堂"之模型

这一"由此及彼"的过程涉及一个很重要的问题，即什么才算是"从实验室到课堂"之模型。认知心理学中有个较为普遍的迷思，认为所有的认知研究学者会在实验室实施他们的研究发现（Black, n.d.）。尽管这种说法并不正确，但不可否认的是，我们的研究的确是在实验室中成型的。在"基础实验室"层级中，实验参与者会参与一些简单的任务，学习一些简化后的材料。

也就是说，参与者可能会学到一组不相关的词汇，甚至是一些无意义的音节。这些材料由实验人员高度控制，且一般来说并不是那种你我在日常生活中实际想要学习的内容。同时，研究发生的环境可能也不是自然或真实环境。不过，从实验室开始研究亦有好处，即我们能够对参与者的学习环境进行更多操控。这样的控制能够使我们更为专注地观察哪些因素实际促进（或阻碍）了学习。

在"从实验室到课堂"之模型中，我们起步于基础的实验室，并将之逐步应用至课堂。

如上图所示，当我们能找到某种可以在实验室重复使用的技术／工具后，研究就可以推进到下一步，即"应用实验室"层级。在这一层级中，实验依旧发生在实验室中，但参与者要学习的材料与教育相关，而非是那些在基础实验室中使用的人为简化的材料。因此，应用实验室中的参与者可能会阅读教科书中的某一章节、观看视频讲课等。而如果，更进一步地说，我们能够找到某种在基础实验室中使用效果良好，且在这一层级的实验室中依旧保持着如期水平的策略，那我们就可以尝试将其应用至下一层级——课堂层级。在应用课堂中，我们将实际走入学校，使用真实的学习材料，并在这种真实的环境下与教师协作测量学习技术／工具的有效性。

也许你会产生如下疑问：为什么从实验室走向课堂要花这么长时间？原因很简单，因为应用课堂这一层级在实践上是最费力的，它需要消耗的不仅是金钱，更重要的是时间。对于研究者来说，我们最不希望看到的便是教师与学生在那些没有经过基础与应用实验室双重考验的学习活动或技术／工具上浪费时间！值得一提的是，从实验室走向课堂的这一过程并不是线性的——很多时候我们都需要返回上一个层级，尤其是遇到某一策略在课堂中的效用不如预期效果的时候。我们会在本书中贯穿介绍每一个层级的研究案例（基础实验室、应用实验室与应用课堂）。

传播学习科学

在如今的"虚假信息"时代，科学传播正变得越来越重要，但并不是所有的科学家都热衷于加入这一实践。例如，我们最近测试了 327 名心理学家的科学传播行为，结果发现只有五成左右的心理学家会在一些如推特、博客等颇受大众欢迎的网络平台上积极地传播他们的科学研究，尽管这些活动所造成的经济成本微乎其微（Weinstein & Sumeracki, 2017）。

这一现象反映了一个实际问题：如果我们——科学家们——都不愿意将自己的研究对外传播，那当教师和学生汲取我们的研究结论时，就有可能对其产生错误理解。

其实，没有一项研究可以给我们提供关于如何学习的权威信息。从不同研究中所得到的证据有时也会相互矛盾，使我们难以从中找到正确结论。例如，有一研究显示，学生能从即时反馈中受益（Epstein, Epstein, & Brosvic, 2001），但更多近期

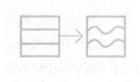

研究结论在对外传播时可能会被曲解。

的研究则表明，在某些情境中延迟反馈对学生更有帮助（Butler, Karpicke, & Roediger, 2007）。

这其中涉及的传播过程是这样的：科学家收集并整理数据。这些整理好的数据会被使用在某篇需要同行审核的学术期刊的论文之中。这篇文章发表后可能会被一些主流媒体选中转载，随后人们便会将自己对媒体报道的印象进一步传递给他人。然而，不幸的是，媒体传播可能会造成人们对科学的错误解释或生成迷思（详见第四章），经由口耳相传，这些错误便会愈发深入人心。

正如我们在第一章中所反复强调的，我们相信研究者作为科学家向外界传播自己的研究结论是十分重要的。不过，书籍、博客甚至媒体虽然都很有用，但这些均要用到"点子上"。

在本书中，我们列举了很多有益于对外传播的工具，从学术期刊文章到博客投稿等。然而，我们在这里提到的博客文章指的是那些准确描述研究的文章。这样一来，当你读到文章中描述研究之外的其他部分时，就可能会思考如下几个问题：文章的作者是在重读和解释文章吗？还是说，他们在尝试复现研究？——比如，布朗（Brown）、罗迪格尔（Roediger）和麦克丹尼尔（McDaniel）（2014）编写的著作《坚持不懈》中就有相关尝试——又或者作者是不是参考了其他的二手资料（如其他书籍和博客）来导出结论？简而言之，我们必须要对过度解读和迷思保持警惕，在第四章中我们会展开详细讨论。

证据有时会相互矛盾，使我们更难从中得出正确结论。

数据

期刊、书籍

媒体

口耳相传

书籍、博客以及其他形式的媒体都很有用，但这些工具需要用到"点子上"。

本章小结

很多学科的研究都有助于我们更好地理解如何学习。但我们尤其关注的是认知心理学，这是一门实验学科，能为我们提供推导出变量之间的因果关系的有力证据（即预测而不仅限于描述）。在这一学科中，我们从基础实验室开始（基础研究），通过增加材料与研究条件的相关性而逐渐过渡到下一层级（应用研究），最后再将我们的研究带向课堂。不过，我们的工作并不止步于此——我们还需要对外传播我们的研究结论，从而帮助预防并解决有关研究的迷思和错误解释。

参考文献

Ahrberg, K., Dresler, M., Niedermaier, S., Steiger, A., & Genzel, L. (2012). The interaction between sleep quality and academic performance. *Journal of Psychiatric Research*, 46, 1618–1622.

Ansari, D. (2014). Daniel Ansari – The science network interview [YouTube video].

Ansari, D., Coch, D., & De Smedt, B. (2011). Connecting education and cognitive neuroscience: Where will the journey take us? *Educational Philosophy and Theory*, 43, 37–42.

Black, C. (n. d.). Science/fiction: How learning styles became a myth.

Brown, P. C., Roediger, H. L., & McDaniel, M. A. (2014). *Make It Stick. The Science of Successful Learning*. Cambridge, MA: Harvard University Press.

Bruer, J. T. (1997). Education and the brain: A bridge too far. *Educational Researcher*, 26, 4–16.

Butler, A. C., Karpicke, J. D., & Roediger III, H. L. (2007). The effect of type and timing of feedback on learning from multiple-choice tests. *Journal of Experimental Psychology: Applied*, 13, 273–

281.

Epstein, M. L., Epstein, B. B., & Brosvic, G. M. (2001). Immediate feedback during academic testing. *Psychological Reports*, 88, 889–894.

Hardt, O., Einarsson, E. Ö., & Nader, K. (2010). A bridge over troubled water: Reconsolidation as a link between cognitive and neuroscientific memory research traditions. *Annual Review of Psychology*, 61, 141–167.

Hölscher, C., Jacob, W., & Mallot, H. A. (2003). Reward modulates neuronal activity in the hippocampus of the rat. *Behavioural Brain Research*, 142, 181–191.

Markovits, R., & Weinstein, Y. (2018). Can cognitive processes help explain the success of instructional techniques recommended by behavior analysts? *Npj Science of Learning*.

Ramey-Gassert, L., Shroyer, M. G., & Staver, J. R. (1996). A qualitative study of factors influencing science teaching self-efficacy of elementary level teachers. *Science Education*, 80, 283–315.

Roediger, H. L., Finn, B., & Weinstein, Y. (2012). Improving metacognition to enhance educational practice. In S. Della Sala & M. Anderson (Eds.), *Neuroscience in Education: The Good, the Bad, and the Ugly*(pp.128–151). Oxford: Oxford University Press.

Smeyers, P. (2016). Neurophilia: Guiding educational research and the educational field? *Journal of Philosophy of Education*, 50, 62–75.

Smith, M. A., Blunt, J. R., Whiffen, J. W., & Karpicke, J. D. (2016). Does providing prompts during retrieval practice improve learning? *Applied Cognitive Psychology*, 30,544–553.

Staff Writers(2012).9 signs that neuroscience has entered the classroom. OnineUniversities. com.

Vigen, T. (2015). *Spurious correlations*. Hachette Books.

Walker, M. P., & Stickgold, R. (2004). Sleep-dependent learning and memory consolidation.

Neuron, 44, 121–133.

Weinstein, Y., & Roediger, H. L. (2010). Retrospective bias in test performance: Providing easy items at the beginning of a test makes students believe they did better on it. *Memory & Cognition*, 38, 366–376.

Weinstein, Y., & Sumeracki, M. A. (2017). Are Twitter and blogs important tools for the modern psychological scientist? *Perspectives on Psychological Science*, 12, 1171–1175.

第三章
直觉是教与学的敌人吗？

我们自己关于应该如何
最佳进行教与学的直觉
并不总是正确的。

我们的直觉可能会使
我们选择错误的学习
策略。

一旦我们选定了某一学习
策略，我们就会倾向于去
寻找能够支持我们所选策
略的证据。

大学生倾向于将重复阅
读教科书与笔记作为一
种学习策略，因为这能
令人感觉良好。

重复阅读需要花费额
外的时间，且不如提
取信息有效。

当学生尝试提取信息时，
他们会倾向于认为自己将
有糟糕的表现，因为提取
这件事令他们感到困难。

在事关验证自己的观念
之时，人们总是更喜欢
寻找有助于证实而非反
驳的证据。

错误直觉和偏见所带
来的最大问题就是难自
弃，而且是"众所周知"
的难纠正。

科学承认人类偏见的存
在，并总在尝试与其对抗。

我们自己关于应该如何学习与如何进行教学的直觉并不总是正确的，
这些直觉可能会使我们选择错误的学习策略。错误直觉和偏见所带
来的最大问题就是难自弃，而且是"众所周知"的难纠正。

在医学中，到底是参考个人直觉还是借鉴专业知识的争论由来已久。例如，有不少人对疫苗的使用忧心忡忡。因为从直觉的角度来说，把"化学制品"注入到人的身体里总是不好的（当然，也有针对这一观点的反驳，即水其实从学术的角度来说也是一种"化学物质"）。不过幸运的是，在绝大多数情况下，科学的专业知识总是能战胜直觉的诱惑：比如，超过 90% 的美国和英国的孩子在他们两岁时都会注射麻疹、流行性腮腺炎和风疹疫苗（CDC, 2017; NHS, 2017）。

然而，当谈及教育领域，专家说的话就变得有些"无足轻重"了。人们似乎对于任何"来自上层"的信息都有一种格外强烈的不信任，因而他们会转而相信自己的直觉——对于教师、父母或学生来说——就是他们自己关于最佳学习的直觉判断。

我们自己关于应该如何最佳进行教与学的直觉并不总是正确的。

其实，产生这种思维倾向的原因有很多，其中一个原因便是我们每个人都有长达数年作为学生的经历，这使我们更容易相信自己的直觉而非"应该"。例如，在英国和美国，分别有 81% 和 90% 的 25 ～ 64 岁的人都接受过中等教育（OECD, 2017），这意味着这两个国家的绝大多数公民都至少拥有 13 年左右的教育经历。更进一步来说，若小学或中学教师需要学士学位，那么教师在进入课堂之前至少会有长达 17 年左右作为学生的经历。基于如此"厚重"的经验积累，我们的确很难责备教师用自己的经验来组织教学。

虽说学生的经历（以及日后成为教师）对于建

构教师理念、探寻教师实践之路十分有价值，但不幸的是，我们自己关于应该如何学习以及如何进行教学的直觉并不总是正确的。

换句话说，我们在学校教授的方式，对学生而言，不一定就是最佳或最有效率的学习方式。而且，即使我们作为学生有着丰富的经验积累，但关于学生对某一主题的学习情况的直觉判断也常会产生偏差。

简述之，依赖直觉主要会产生两大问题。第一，我们的直觉可能会使我们选择错误的学习策略。第二，一旦我们选定了某一学习策略，我们就会倾向于去寻找能够支持我们所选策略的证据，并忽视那些反驳我们判断的证据（即确认偏误，我们会在本章继续讨论）。

我们的直觉可能会使我们选择错误的学习策略。

一旦我们选定了某一学习策略，我们就会倾向于去寻找能够支持我们所选策略的证据。

直觉导致选择错误的学习策略

第一个问题可由一项在大学中多次进行的调查所证实，即大学生倾向于将重复阅读教科书与笔记作为一种学习策略。事实上，在圣路易的华盛顿大学——美国的一所顶级大学——就做过这样的调查。结果显示，55% 的学生会把重复阅读作为他们首选的学习策略（Karpicke, Butler, & Roediger, 2009）。然而，研究表明重复阅读并不是最好的学习方式。

有不少研究对比了学生单次阅读教科书中的内容和连续两次阅读相同内容的结果。这类实验从教科书中摘取了大量不同的主题内容，使用了不同类

大学生倾向于将重复阅读教科书与笔记作为一种学习策略，因为这能令人感觉良好。

重复阅读需要花费额外的时间，且不如提取信息有效。

型的学习评估，并采纳了不同的时间间隔来测量学习效果。研究结果表明，连续两次阅读教科书中的内容需要花费学生额外的时间，且并不能促进信息的长时留存（Callendar & McDaniel, 2009）。

但是重复阅读的确令人感觉良好。我们读某一篇文章的次数越多，就能读得越流利。然而，阅读流利并不意味着大脑深度处理了这些信息，由此也就无法构成学习，更遑论我们能够实际记住并在未来使用这些信息。可见，阅读流利的感受的确是一种危险的诱惑，给人带来良好体验的同时也容易让人越来越沉迷于使用这种无效的学习策略。换言之，如果我们相信自己的直觉并坚持重复阅读——正如很多大学生做的那样——那就会将时间都消耗在无甚效用的学习策略上。从长远的角度来看，这对学习提升并没有什么帮助。

当学生尝试提取信息时，他们会倾向于认为自己将有糟糕的表现，因为提取这件事令他们感到困难。

也许，你会对重复阅读并不能改善学习的这一发现感到惊讶。我们之中的很多人应该都有读两次同一内容的经历，且在第二次阅读的时候会感到"从中有了更多收获"。但是，我们对于自己到底学了多少内容的这种预测其实并不准确。研究发现，当要求大学生预测自己能从重复阅读中学到多少内容时，很多人都对自己过度自信（Roediger & Karpicke, 2006）。相反，如果让学生在用过更为有效的学习策略后再对自己的学习做预测——比如解答一些练习题或写下他们对于某个主题的了解——他们反而会对自己的表现十分悲观。

罗迪格尔与卡尔匹克为我们提供了一个典型的案例。有两组学生阅读教科书，其中一组学生连续四次阅读书中的某一部分，而另一组学生则在第一次阅读之后，分三次写下他们记住的文本内容。然后，要求所有学生以 7 分计量来预测自己的学习程度，如果是"1"分，就意味着他们认为自己几乎没学到什么东西，若是"7"分，则说明他们认为自己掌握了全部内容。结果显示，先阅读一次后分三次写下记忆内容的学生认为自己学得要比那些重复阅读的学生少。

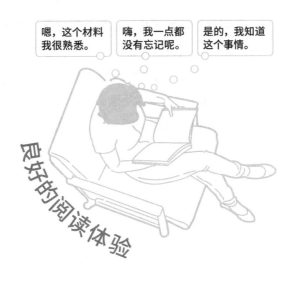

一周之后，研究者又对这些学生做了一次学习评估，即要求他们再次写下自己能够记住的内容。随后，研究者便对学生写下的正确内容进行计分。结果显示，那些在上个实验中就被要求写下记忆内容的学生在这一次评估中，相较于重复阅读的学生能够记住更多的信息。由此，再拿这一结果与学生自己所做的预测进行对比，不难发现，学生预测的学习结果与真实的学习结果之间的差距就如同镜像效应。换言之，学生关于自己学习的直觉使他们做出了错误的

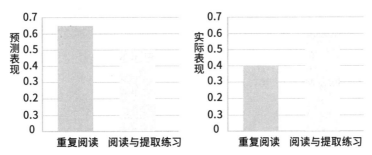

这张图显示了学生在提取练习与重复阅读后对自己的学习的预测情况与真实的学习情况。数据来源于 Roediger & Karpicke（2006）。

结果预测（在第十章中，我们会对这一实验及有效学习的策略做更多说明）。

　　作为大学教授，我们发现这种错误认知常会阻碍学生做出正确的决策。例如，我们的学生偶尔会到办公室来找我们——通常是那些缺课以及不认真听取有效学习策略的学生——并抱怨他们对自己成绩的不满。在他们看来，最近一次测试的应得成绩应远高于自己现在手里拿到的分数。于是，我们问他们是怎么备考的，几乎所有人都会说"阅读教科书并反复看笔记"，最后还通常会接上一句"花费了很多学习时间"。

　　说到这里，我们便意识到要与这些学生进行一些沟通。所以，在他们说完自己的备考情况后，我们就请他们坐下并提醒（如果他们之前错过了我们的提醒，那就重新告诉他们）他们有关使用提取信息的学习策略的优势，并建议他们去实际尝试。这一过程通常会遇到很多来自学生的抵抗——因为提取信息并不容易——但那些实际去尝试的学生在日后的确能获得令他们满意的学习结果（Wallis & Morris, 2016）。

直觉导致确认偏误

我们刚才讨论的是直觉在判断我们自己的或学生的学习时并不总是准确的问题。第二个有关依赖直觉所造成的大问题则是确认偏误。确认偏误是一种思维倾向，它指的是我们总是会去寻找能够证实我们自己观念的信息，或以能够证实信息本身的方式来解释信息。(Nickerson, 1998)。

那么，这一倾向是怎么影响教与学的呢？是这样的，一旦我们接受了某种学习观念，我们便会倾向于寻找那些能够证实这种观念的例子。比方说，你是一个坚定相信学习风格的人，那么当你调整自己的教学以契合学生的学习风格时，你就会不自觉地生成一种优越感，认为学生能够因此取得进步。如此一来，我们的观点，即让教学去匹配特定偏好的学习风格并不能真正地促进学习，反倒令人"扫兴"（正如我们在第一章所强调的，在第四章我们亦会再次声明这样的观点）。当然，你可以尝试去找一些证据来看看这些说法到底正不正确。比如，问问谷歌"有关学习风格论的证据"或"有关驳斥学习风格论的证据"。

尽管至今尚无研究直接对上述我们讨论的问题做过测试（但我们对这样的研究的确非常感兴趣！），但其他领域中的类似研究已能充分地说明：人们的确更喜欢那些证实而非反驳的证据。

例如，研究者曾对 2008 年的美国总统选举做过一项研究。他们要求参与者浏览一本专门设计的

我们先做出带有偏见的选择，然后再去寻找证据以证实该选择。

在事关验证自己的观念之时，人们总是更喜欢寻找有助于证实而非反驳的证据。

| 相信……的人 | 反驳……证据的人 | 支持……证据的人 |

网络杂志，并对参与者选择阅读的内容主题进行分类记录，如堕胎、医疗卫生、枪支所有权、最低工资等，同时也会记下每个人阅读每篇文章所花的时间。当参与者可以自由浏览杂志时，研究者发现，参与者会对与自己观念相吻合的政治信息看得更多、用时更久。（需要指出的是，其他一些诸如个人党派所属以及新闻消费水平等变量也存在一些有趣的交互，但这部分内容并不属于本章的讨论范畴; Knobloch-Westerwick & Kleinman, 2012。）

另外，如果我们相信什么，那便会更容易注意并记住那些能够支持这种信念的例子。所以，如果我们相信学习风格，那就更有可能会注意到我们所认为的学习风格在发挥效用的时刻，由此也就更容易忘记这种学习策略看起来无效的情况。例如，约翰尼一下子没有听懂你说的话，但当你给他看图解的时候，他可能就会灵光乍现了："对啦! 就是这样!"可事实上，约翰尼理解的内容还是你原来说的那个学习风格吗? 或者他懂的只是你第二次更换形式后展示给他的内容? 那如果第一次和第二次展示的内容是相反的怎么办? 又或者，如果他还是看不懂你第二次给他展示的图解

错误直觉和偏见所带来的最大问题就是难自弃，而且是"众所周知"的难纠正。

怎么办?

　　所以说,错误直觉和偏见所带来的最大问题就是难自弃,而且是"众所周知"的难纠正(Pasquinelli, 2012)。想要直接纠正这种固执、偏见的做法,往往都收效甚微(Fischhoff, 1982),而稍有些成效的一种做法则是"反面思考",即在寻找关于某个特定主题的更多信息之前,让人们先列举出可能导致观点不正确的原因(Mussweiler, Strack, & Pfeiffer, 2000)。我们迫切地想知道教师会在什么时候形成关于学生在课堂里是如何学习的直觉,然后再让他们写下为什么这样的判断可能会出错。这令人跃跃欲试。

　　另外,值得一提的是,虽然我们研究并教授关于偏见的知识,但这并不意味着我们就能对这些偏见"免疫"了。再来看看之前在本章中引用的那个学生来我们办公室抱怨的例子吧——我们可能顺势遗忘了其他来向我们抱怨的学生,因为与不认真听讲的那批学生不同,这些学生在听从我们的指导、认真进行提取练习后依旧没有获得好成绩。那我们现在大方地承认这一点是不是很伪善?并非如此,我们真心地希望能得到这般回答。实际上,我们只是认为所有人皆是普通人,任何人在日常生活中都有可能做过一些不完美的选择与判断,我们应勇于承认这一点。

科学承认人类偏见的存在,并总在尝试与其对抗。

　　科学的目标从来都是对观点提出质疑,而非志在证实。事实上,无论何时看到"证实"(prove)一词,我们都会立刻产生怀疑。[想象一下,"这个洗发水已被证明能让你的头发变得更加柔软"——或者更过分的,"这款应用程序(App)包你测试成功"。每个人都会立刻思考这些话中的含义吗?这些说法是想表达某些观点?没错,我们需要思考。]当全世界的科学家都在努力质疑某些理论时,很多有用的信息也会随之产生。就拿学习风格来说,这一理念已经被反驳过很多次了(详见第四章中关于迷思的相关阐述)。可以大胆地说,我们认为这一概念不值得消耗我们的时间和金钱。试问那些一直在尝试检验零假设(相较于控制组所用策略,某一既定学习策略并不会产生更多学习),致力于从不同学习情境、不同学生小组的实验中搜集证据的科学家们何时支持过学习风格的策略能有效促进学习的观点？所以说，我们现在可以更加理直气壮！简而言之，如果我们都愿意承认人类的不足，并谨慎地寻找证据而非仅凭直觉判断，那我们也许能帮助更多的学生真正地进行学习，并免受被那些似是而非的感觉影响。

本章小结

在医学中，到底是参考个人直觉还是借鉴专业知识的争论由来已久。幸运的是，在绝大多数情况下，科学的专业知识总能战胜直觉的诱惑。不过，这种"绝大多数情况"并没有包含教育。在教育领域，人们更偏爱依赖自己的直觉——对于教师、父母或学生来说——就是他们自己关于最佳学习的直觉。但依赖直觉不是个好主意，对教师和学习者尤为如此。所以，虽然从仰仗自己的直觉到转为相信研究结论的过程十分困难，但这样的转变确有其价值，即能有效改善我们的教学与学习实践。

参考文献

Callendar, A. A., & McDaniel, M. A. (2009). The limited benefits of rereading educational texts. *Contemporary Educational Psychology*, 34, 30–41. CDC (2017). Immunization.

Fischhoff, B. (1982). Debiasing. In D. Kahneman, P. Slovic, & A. Tversky (Eds.), *Judgment under Uncertainty: Heuristics and Biases*. Cambridge: Cambridge University Press, 422–444.

Karpicke, J. D., Butler, A. C., & Roediger, H. L. (2009). Metacognitive strategiesin student learning: Do students practice retrieval when they study on theirown? *Memory*, 17, 471–479.

Knobloch-Westerwick, S., & Kleinman, S. B. (2012). Preelection selectiveexposure confirmation bias versus informational utility. *Communication Research*, 39, 170–193.

Mussweiler, T., Strack, F., & Pfeiffer, T. (2000). Overcoming the inevitable anchoring effect: Considering the opposite compensates for selective accessibility. *Personality and Social Psychology Bulletin*, 26, 1142–1150.

NHS (2017). Childhood vaccination coverage statistics, England, 2016–17.

Nickerson, R. S. (1998). Confirmation bias: A ubiquitous phenomenon in manyguises. *Review of General Psychology*, 2,175–220.

OECD (2017). Education at a glance 2017: OECD indicators. Paris: OECDPublishing.

Pasquinelli, E. (2012). Neuromyths: Why do they exist and persist? *Mind, Brain, and Education*, 6, 89–96.

Roediger, H. L., & Karpicke, J. D. (2006). Test-enhanced learning: Taking memory tests improves long-term retention. *Psychological Science*, 17, 249–255.

Wallis, C., & Morris, R. (2016, January). *Study tips and tricks* [Blog post].

第四章
关于学习的常见迷思：
如何产生的，以及我们能做什么？

科学家们正在努力更为精细地去理解学习在大脑中是如何发生的。

总的来说，教育工作者对认知心理学和神经系统科学是如何服务于教育的这一过程有着浓厚的兴趣。

当关于学习的信息被脱离于所处情境，且被过度一般化时，某些问题就产生了。

我们可能会将孩子们置于一个"视觉聒噪"的学习环境中，因为我们误解了他们对环境刺激的需求。

很多人都认为学习风格很重要、很有意义。

虽然有些任务的确会更多使用大脑某一半球的资源，但这并不意味着个体的大脑存在差异。

有兴趣了解神经系统科学和要求准确地理解学习，这两者之间的关联显然很复杂。

在某些情况下，那些对神经系统科学感兴趣的人可能更容易相信不正确的信息。

令人对自己的观念感到羞耻并不是改变思维的有效方式。

其实，关于科学研究发现的种种迷思诞生于对学习的热切渴望。可是，想要纠正这些迷思的努力反倒会"起逆火"，越发推动了错误的扩散。

科学家们正在努力更为精细地去理解学习在大脑中是如何发生的。

基于大量科学学科（详见第二章）的研究，我们对学习已经有了一定的了解，但同时亦存在更多未知。那么，这里说的"我们"究竟指的是谁？如果某一小组的科学家知晓某些过程——比如，化学反应的产生源自于中子之间的碰撞——那这小部分人的认识能代替"我们的了解"吗？或者，诸如"地球是圆的"之类的某些知识是否有必要成为常识？其实，"地球是圆的"这一知识虽然是由科学家发现的，但几乎所有的普通人都知道这一事实——而刚才介绍的中子碰撞的那个例子，却只有少部分人知晓。这是物理学中的两个例子，但类似的情况在学习领域同样可以找到。即，小部分的科学家在努力更为精细地去理解学习在大脑中是如何发生的，但"我们"并不具备这些关于世界真相的知识，因而才需要学习。

学习知识毋庸置疑，但我们不需要细致地了解神经突触在大脑中是如何工作的。那学习关于思维的一般知识又如何呢？试想一下，当我们遇到大量信息时，了解我们为什么会立刻就开始遗忘的知识是不是很有用？或者，知晓我们的记忆和图书馆不同，它会重构我们检索的信息的这一事实是不是也很有益？（更多有关记忆的内容详见第七章）我们认为，上述阐述的信息类型都是有实际用处的——对教师群体尤甚。某个对全世界的教师所做的调查发现，几乎所有的教育工作者都对认知心理学和神经系统科学是如何服务于教育的这一过程有着浓厚的兴趣（Pickering & Howard-Jones, 2007）。

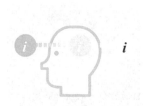

总的来说，教育工作者对认知心理学和神经系统科学是如何服务于教育的这一过程有着浓厚的兴趣。

然而，当关于学习的信息——尤其是有关学习在大脑中是如何发生的信息——被脱离于所处情境，且被过度一般化时，某些问题就产生了。

一旦信息的传递经由了各种渠道（从研究者传递至新闻记者、工作坊、教师），科学背后的"事实"都会产生一定程度的遗失，相应地，其结论也会有所歪曲。

传递至最后，对信息的简单化或过度一般化处理则会逐渐发展成为一种趋势——不准确的结论自然产生。其实，用于描述各种关于大脑迷思的常用术语是"神经系统神话"。然而，无论是关于大脑抑或学习的神话，它们皆诞生于或大或小的真相之中。所以，与其称之为"神话"，"错误见解"或"迷思"显然更为贴切。

当关于学习的信息被脱离于所处情境，且被过度一般化时，某些问题就产生了。

迷思是反驳或否认当前已有的科学证据的某种观念（2017）。

安尼特·泰勒（Annette Taylor）

那么，哪些是最常见的迷思呢？雅娜实验室的两名学生马库斯（Marcus）和莎伦（Shannon）筛选了 12 份调查论文，这些论文调查了 15 个国家的 14737 名实验参与者，总结出了世界范围内传播最为普遍的几种迷思。

如下表所示，你会看到关于大脑与学习最为常见的十大迷思，且每项迷思后均附有相信人数的百分比情况。

现在，让我们来仔细探究一下这其中的三种迷思。

级别	迷思	相信人数 (%)
1	当个体能从偏好的学习风格（如听觉型、视觉型、动觉型）中获取信息时，就能学得更好。	93
2	富含刺激的环境有助于学前儿童的大脑发育。	89
3	重复多轮协调训练有助于左右脑功能的整合。	76
4	经常进行运动知觉的协调训练有助于发展读写能力。	74
5	大脑半球（左脑、右脑）的使用差异可以解释学习者之间的（思维 / 能力）差异。	74
6	科学证明，脂肪酸补充剂（Omega-3 和 Omega-6）对学业成绩的提升有着积极效用。	61
7	情感脑的运作会干扰大脑的推理过程。	60
8	我们只用了 10% 的大脑功能。	49
9	记忆在大脑中的储存就像信息保存在计算机中一样：每一条记忆都会占据大脑的一小块地方。	48
10	儿童喝含糖饮料或吃含糖食品会导致注意力的下降。	47

表中的数据来自以下几项研究：Deligiannidi & Howard-Jones(2015)；Dekker, Lee, Howard-Jones & Jolles (2012)；Dündar & Gündüz (2016)；Ferrero, Garaiza&Vadillo (2016)；Gleichgerrcht, Luttges, Salvarezza & Campos (2015)；Herculano-Houzel (2002)；Hermida, Segretin, Soni García & Lipina (2016)；Macdonald, Germine, Anderson, Christodoulou & McGrath(2017)；Karakus, Howard Jones & Jay (2015)；Papadatou-Pastou, Haliou & Vlachos (2017)；Pei, Howard-Jones, Zhang, Liu, & Jin (2015)。
注意：并非所有的研究都提到了上述的每一种迷思。

莎伦·罗利（Shannon Rowley）& 马库斯·利桑德（Marcus Lithander）

解析三种迷思

　　这一观点想要表达的意思是儿童应被置于能够接触到很多有趣的事情、允许他们多看多探索的环境之中。而这样的环境通常指代那种"华而不实"的、令人感到"视觉聒噪"的课堂（Erickson, 2017）。

　　我们对"丰富的环境"的理解可能来自某些物种（如老鼠）研究的结论的误用。一项于 19 世纪 60 年代进行的研究发现，若老鼠脱离于环境刺激，那其与神经细胞之间的联系也会减弱。于是，经过口耳相传，这一结论使得人们开始相信人类也同样需要"富含刺激"的环境才能存活（Diamond, Krech, & Rosenzweig, 1964）。此外，这一错误理解也可能来源对真实结论的过度解读，即认为感官剥夺会减少学习（Vernon & Hoffman, 1956）。然而，真正的感官剥夺其实是个很极端的概念，它指的是将某个孩子置于不能看、不能听，甚至不能感受的环境当中。我们举个研究极端孤立的典型案例"吉尼恩"（Genie）来说明一下吧（Fromkin, Krashen, Curtiss, Rigler, & Rigler, 1974）。1970 年的时候，吉尼恩 13 岁了。当时，她被自己的父亲独立关在一间屋子里，处于完全的社交孤立状态。因此，吉尼恩花了很长时间才懂得该如何上床睡觉或使用便器。当儿童福利院找到她的时候，她已经完全不会说话了。这就是一个较为极端的感官剥夺的例子，由此也可以说明这种类型的剥夺实际上会妨害人的发展。

事实上，即使没有那些刻意设计的课堂，在每天的日常生活当中，孩子们就已经接触到能够支持大脑正常发育的充分信息了。换句话说，相较于普通的课堂，人为过度装饰的课堂更有可能会减少孩子们的学习，因为多余的设计或许会分散注意(Fisher, Godwin, & Seltman, 2014)。也就是说，多

我们可能会将孩子们置于一个"视觉聒噪"的学习环境中，因为我们误解了他们对环境刺激的需求。

姿多彩的课堂装饰会使孩子们的注意力从教师和当前的学习任务上转移开，这才是妨碍学习的关键（详见第六章关于注意的探讨）。

截至目前，并没有关键的实验证据能够表明将教学与学生偏好的风格（如听觉型）相匹配可以帮助学生学习。可是，还是有很多人认为学习风格很重要、很有意义。那么，这一迷思是从哪儿来的呢？

很多人都认为学习风格很重要、很有意义。

我们认为，这一观点可能是从某个事实中衍变出来的。每个人都偏爱自己学习的方式，这一点无可厚非，只要我们有自己的偏好，那就不能否定它的存在。但是，当人们为了最大化学习的效用，固执地为自己的偏好寻求支持和认可时，这种过度认知或认识偏差就产生了。

我们可以思考下述这个有趣的营养学类比：有个人喜欢苹果，而另一个人喜欢胡萝卜。试想一下：我们准备了每日 100 卡路里总量的苹果和胡萝卜，并让这两个人分别吃他们各自喜爱与不喜爱的食物，以这一超过平时每日食用的分量连续吃一个月，然后再来测量他们增加的体重（假设他们维持体重的手段就是控制自己的热量摄取）。在公布答案前，你们可以猜测一下，吃了自己喜欢的

食物与吃了自己不喜欢的食物在增重上是否有区别? 答案是没区别。因为无论他们吃没吃到自己喜欢的食物, 他们摄入的卡路里总量始终是一样的。而且, 胡萝卜与苹果分别含有不同的营养元素, 所以条件允许的话, 人们会选择两者都吃!

再回到学习风格的讨论上, 人们似乎没办法摆脱这一理念。事实上, 某项在世界范围内调查的研究发现, 超过 90% 的教师相信教学应与每个学生偏好的学习风格相匹配。这一统计结果倒不令人吃惊, 因为真正令人惊讶的是教育学与神经系统科学之间的联系正在变得更加紧密——而非弱化——以学习风格为纽带 (Dekker et al., 2012)! 为什么会出现这种情况? 某一文献综述认为, 可能的原因是学习风格的问卷研究不断增多, 而旨在宣传学习风格很重要且有用的结论也相应地随之扩散 (然而, 这些研究并没有用严谨的科学方法来对其进行实际验证) (Newton, 2015)。由此, 好学的老师在搜索文献时就会自然而然地找到很多关于学习风格的正面论述。不过, 另一项研究则发现, 参与多门有关神经系统科学的课程能有效减少这一迷思的产生。这样的结果令我们感到些许安心 (Macdonald et al., 2017)。

基于当前已公开的所有数据, 我们得出了学习风格未必有用的结论。但若要解释我们为什么会总结出如此论断, 这不是三言两语可以说得清的 (Pashler, McDaniel, Rohrer, & Bjork, 2009)。对教师而言, 为了理解为什么学习风格不值得过度相信, 他们需要花费大量的时间去研读相关文献中使用的研究方法, 以此来判断研究结论的可信度与实用性。所以, 我们现在需要的是对研究更开放、更清晰的解释。这包含了传统的学术文章 (Kirschner, 2017), 以及视频、博客等流行的科学素材。

换个角度思考, 即使学习风格真的对学习有着重要影响, 那为了锻炼学生克服自己的弱点, 教师还是会选择学生不偏好的风格来组织教学。这一点倒是令人啼笑皆非了。

大脑半球（左脑、右脑）的使用差异可以解释学习者之间的（思维／能力）差异

前几天，我（雅娜）在"第一学年的经验研讨会"上给学生做了个小测验，题型是有关学习和大脑的是非判断题。这场测验既不计分也不作他用——我只是想了解学生对学习和大脑的认识情况，并用这个小测验来作为研讨会的开场。于是，在研讨会上，很多学生都说自己相信关于左右脑差异的论述，而当我问他们原因时，有个学生则清楚地说："老师教我的。"

不可否认，人类拥有两个大脑半球。而且，也有科学研究证据（根据脑损伤的病人的研究与现代神经影像技术）表明，某些类型的任务的确在资源的使用上更依赖于其中的某个半球。一个典型的例子就是语言，语言会更倾向于使用大脑左半球的资源（Springer & Deutsch, 1998）。然而，关于个体可分为"左脑派"或"右脑派"的说法，抑或是"左脑派"的人更有"创造力"，而"右脑派"的人则更"理性"的论述都是不正确的。这是关于大脑如何工作的一种迷思：虽然有些任务的确会更多使用大脑某一半球的资源，但这并不意味着个体的大脑存在差异。

虽然有些任务的确会更多使用大脑某一半球的资源，但这并不意味着个体的大脑存在差异。

即使个体的大脑两个半球存在一定的细微差异，但那些频繁活跃在社交媒体上的"左／右脑问卷"却没有认真地聚焦这些差异，更遑论提及大脑半球的差异与教育之间的联系了。至此，再来看看那些以盈利为目的的培训机构的广告，如"一款超实用的右脑训练 APP"，199 美元／年，你就不难发现这些全是虚假宣传了。因此，很多神经系统科学家也将这一迷思称为"左／右脑神话"（Goswami, 2006）。

另一个值得说明的关键是，即使有些任务更倾向于使用其中某个大脑半球的资源，那也没有任务会仅依赖使用一个半脑。正如梅莉娜·安卡费尔（Melina Uncapher）博士所言："每个复杂的认知功能都是左右脑多个不同的功能区协调

梅莉娜·安卡费尔（Melina Uncapher）

运作而产生的结果（2016）。"

那么，为什么人们会相信这一迷思呢？事实上，这与学习风格的迷思很像。每个人都会有自己偏好的任务类型，于是，就有人以此区分出"左脑派"或"右脑派"的思维者。例如，如果有人喜欢数学，那他或她就可能会被认为是"左脑派"的思维者，而若有人喜欢美术，那这样的人就可能会被分到"右脑派"的队伍里。这些分类其实对我们没有什么太大的意义，因其只是简单地把人放进了不同的箱子里，并相应地产生虚假的自我满足感。但这的确会阻碍人们发展新的兴趣爱好。

你可以在梅莉娜·安卡费尔的博客帖子上浏览更多关于这种迷思的相关

信息 (Uncapher, 2016)。

迷思可能源自对学习的热切渴望

我们要强调一点，迷思的形成并没有那么简单，因为教师既不关注神经系统科学也不热衷于学习。不过，这是反话。事实上，大多数教师都认为神经系统科学很重要，也很有用，他们乐于去理解、探索并学习这些内容 (Uncapher, 2016)。然而，对神经系统科学和大脑有一个基本的认识以及要求准确地理解它们之间的细微差别，这两者之间的关联显然很复杂。

有兴趣了解神经系统科学和要求准确地理解学习，这两者之间的关联显然很复杂。

换言之，对神经系统科学有积极的兴趣并不会转化为能够正确分辨学习与大脑的相关论述的能力。相反，很多研究都发现，关于大脑的一般正确知识与迷思或"神经神话"之间存在小但显著的正相关 (Dekker et al., 2012; Gleichgerrcht et al., 2015)。

也就是说，在某种程度上，非专业人员越是对神经系统科学感到好奇，就越有可能会被接触到的信息所误导！不过，最近的某一研究发现，成为一名神经系统科学家可以大幅降低被那些关于大脑的迷思所迷惑的可能性 (Macdonald et al., 2017)。此乃良策！

在某些情况下，那些对神经系统科学感兴趣的人可能更容易相信不正确的信息。

我们能做什么以纠正这些迷思？

相信你已经明白了不建议在学习环境中布置太多装饰的原因，但还是有很

令人对自己的观念感到羞耻并不是改变思维的有效方式。

多人相信视觉刺激对学习来说是很重要的，所以你的观点依旧"无足轻重"。这令人很无奈，单纯地向人们提供正确的信息并不能战胜人们已坚信的迷思，而且有时候还可能会激发逆反效应，让人们对这些迷思越陷越深（Lewandowsky, Ecker, Seifert, Schwarz, & Cook, 2012; Pershan & Riley, 2017）。

　　有不少教育领域的研究在钻研纠正迷思的最有效的方式。其中有种方法叫作"反驳式教学"，它包括以下几个关键阶段：事实、反驳、教学导入（Guzzetti, 2000; Lassonde, Kendeou, & O'Brien, 2016）。具体来说，首先，你需要以正确信息开篇（在这种情况下，令人感到"视觉聒噪"的环境可能会使人分心并减少学习）。接着，你需要呈现迷思——比如，"有的人相信富含视觉刺激的环境能帮助孩子学习，所以课堂应配有很多明亮的装饰"。然后，进入反驳的阶段：解释这种说法不正确的原因（详见第九章更多关于使用"为什么"的问题有助于增进理解的相关论述）。在这一阶段，你需要准备一些证据，将人们引导回正确的研究结论上。最后，"教导"你的听众来对抗这些不正确的信息。比如，告知他们这些不正确的信息有哪些类型，并指导他们在以后遇到的时候该如何反驳和拒绝。例如，对于"课堂应配有很多明亮的装饰"这一论述就可以这样反驳："当孩子们的感官被剥夺时，他们就会停止学习。"不过，在教学导入阶段，你需要指出这一说法只适用于感官被剥夺的极端情况，而非适用于缺少明亮装饰物的课堂之中。更多关于这一方法的使用可以阅读安尼特·泰勒（Annette Taylor）的博客（Taylor, 2017）。

　　对纠正迷思来说，最重要的一点其实是要尽可能多地强调正确信息，而非反复申明迷思。因为重复意味着更加熟悉（Lewandowsky et al., 2012; Skurnik, Yoon, Park, & Schwarz, 2005），记忆更为深刻（Peter & Koch, 2016），由此就可能会进一步增强你对迷思的信任。这就是为什么我们确信随着你的阅读，你将会在本书中学到更多关于当下认知心理学家所关注的感知、注意和记忆的相关过程。同时，你也会陆续了解更多关于学习策略的信息，这些策略均有数十年的实证积累以论证其有效性。

本章小结

　　不幸的是，关于促进学习的迷思在教育领域传播得颇为广泛。例如，很多人都相信学前儿童只有身处在一个富含刺激的学习环境中才能学得最好，如在教室的墙上装饰很多吸引人的视觉材料。然而，实际研究表明，尽管孩子们需要一些刺激，但过度的刺激会阻碍学习。在这一章中，我们讨论了为什么这些迷思会变得如此普遍以及为什么需要努力去克服它们，最后我们阐述了如何将之付诸行动。

参考文献

Dekker, S., Lee, N. C., Howard-Jones, P. & Jolles, J. (2012). Neuromyths ineducation: Prevalence and predictors of misconceptions among teachers. *Frontiers in Psychology*,3.

Deligiannidi, K., & Howard-Jones, P. A. (2015). The neuroscience literacy ofteachers in Greece. *Procedia-Social and Behavioral Sciences*,174,3909–3915.

Diamond, M. C., Krech, D., & Rosenzweig, M. R. (1964). The effects of anenriched environment on the histology of the rat cerebral cortex. *The Journal of Comparative Neurology*,123,111–119.

Dündar, S., & Gündüz, N. (2016). Misconceptions regarding the brain: The neuromyths of preservice teachers. *Mind, Brain, and Education*,10,212–232.

Erickson, L. (2017, September). Visual "noise", distractibility, and classroom design. *The Learning Scientists Blog*.

Ferrero, M., Garaizar, P., & Vadillo, M. A. (2016). Neuromyths in education: Prevalence among Spanish teachers and an exploration of cross-cultural variation. *Frontiers in Human Neuroscience*,10.

Fisher, A. V., Godwin, K. E., & Seltman, H. (2014). Visual environment, attention allocation, and learning in young children: When too much of a good thing may be bad. *Psychological Science*,25,1362–1370.

Fromkin, V., Krashen, S., Curtiss, S., Rigler, D., & Rigler, M. (1974). The development of language in genie: A case of language acquisition beyond the "critical period". *Brain and Language*,1,81–107.

Gleichgerrcht, E., Luttges, B. L., Salvarezza, F., & Campos, A. L. (2015). Educational neuromyths among teachers in Latin America. *Mind, Brain, and Education*, 9, 170–178.

Goswami, U. (2006). Neuroscience and education: From research to practice? *Nature Reviews Neuroscience*, 7, 406–413.

Guzzetti, B. J. (2000). Learning counter-intuitive science concepts: What have we learned from over a decade of research? *Reading & Writing Quarterly*, 16, 89–98.

Herculano-Houzel, S. (2002). Do you know your brain? A survey on public neuroscience literacy at the closing of the decade of the brain. *The Neuroscientist*, 8, 98–110.

Hermida, M. J., Segretin, M. S., Soni García, A., & Lipina, S. J. (2016). Conceptions and misconceptions about neuroscience in preschool teachers: A study from Argentina. *Educational Research*, 58, 457–472.

Karakus, O., Howard-Jones, P. A., & Jay, T. (2015). Primary and secondary school teachers' knowledge and misconceptions about the brain in Turkey. *Procedia-Social and Behavioral Sciences*, 174, 1933–1940.

Kirschner, P. A. (2017). Stop propagating the learning styles myth. *Computers & Education*, 106, 166–171.

Lassonde, K. A., Kendeou, P., & O'Brien, E. J. (2016). Refutation texts: Overcoming psychology misconceptions that are resistant to change. *Scholarship of Teaching and Learning in Psychology*, 2, 62–74.

Lewandowsky, S., Ecker, U. K., Seifert, C. M., Schwarz, N., & Cook, J. (2012). Misinformation and its correction: Continued influence and successful debiasing. *Psychological Science in the Public Interest*, 13, 106–131.

Macdonald, K., Germine, L., Anderson, A., Christodoulou, J., & McGrath, L. M. (2017). Dispelling the myth: Training in education or neuroscience decreases but does not eliminate beliefs in neuromyths. *Frontiers in Psychology*, 8.

Newton, P. M. (2015). The Learning Styles myth is thriving in higher education. *Frontiers in Psychology*, 6.

Papadatou-Pastou, M., Haliou, E., & Vlachos, F. (2017). Brain knowledge and the prevalence of neuromyths among prospective teachers in Greece. *Frontiers in Psychology*, 8.

Pashler, H., McDaniel, M., Rohrer, D., & Bjork, R. (2009). Learning styles: Concepts and evidence. *Psychological Science in the Public Interest*, 9, 105–119.

Pei, X., Howard-Jones, P. A., Zhang, S., Liu, X., & Jin, Y. (2015). Teachers' understanding about the brain in East China. *Procedia-Social and Behavioral Sciences*, 174, 3681–3688.

Pershan, M., & Riley, B. (2017, October). Why mythbusting fails: A guide toinfluencing education with science [Blog post]. *Deans for Impact*.

Peter, C., & Koch, T. (2016). When debunking scientific myths fails (and whenit does not) : The backfire effect in the context of journalistic coverage andimmediate judgments as prevention strategy. *Science Communication*, 38,3–25.

Pickering, S. J., & Howard-Jones, P. (2007). Educators' views on the role of neuroscience in education: Findings from a study of UK and international perspectives. *Mind, Brain, and Education*, 1, 109–113.

Skurnik, I., Yoon, C., Park, D., & Schwarz, N. (2005). How warnings about falseclaims become recommendations. *Journal of Consumer Research*, 31, 713–724.

Springer, S. P., & Deutsch, G. (1998). *A series of books in psychology. Left brain, right brain: Perspectives from cognitive neuroscience*, 5th ed. NewYork: W. H. Freeman/Times Books/ Henry Holt & Co.

Taylor, A. (2017). How to help students overcome misconceptions [Blog post]. *The Learning Scientists Blog*.

Vernon, J. A., & Hoffman, J. (1956). Effect of sensory deprivation upon rotelearning in human beings. *Science*, 123, 1074–1075.

Uncapher, M. (2016, August). Exploring the left brain/right brain myth [Blogpost]. *The Learning Scientists Blog*.

第二部分
人类认知
过程的基础知识

第五章
感　知

感知使我们能够理解这个世界。

感觉是客观的，但感知是主观的。

一个人所感知到的东西会因个体及所处情境的不同而有所差异。

自下至上的信息加工以刺激为其始末。

自上而下的加工需要用已知来理解所处情境。

人类参与最多的是自上而下的加工。

学生会将不同类型与水平的知识带入课堂。

作为教师，我们需要对学生理解的不同层次水平保持敏感。

知识的诅咒意味着教师有时会缺乏对学生处理信息的过程的关注。

根据所处情境和个人的不同，信息的解释也会有所差异——没有什么是绝对的。作为教师，我们需要对这些差异保持敏感，并学会站在他人的角度看问题。

感知使我们能够理解这个世界。

在开始探讨学习之前，我们先来讨论一下感知。感知决定了我们如何理解世界。

感知使我们能够理解世界

尽管在本章中我们主要关注的是视觉和听觉，因为它们在学术研究的背景中与学习的关系最为密切，但我们仍要强调感知其实包括了人的五种感觉：视觉、听觉、触觉、味觉以及嗅觉。我们先举个有关听力的例子吧。假设你一个人正在森林里漫步，突然，你听到了巨大的破裂声响，你会如何反应？你会认为这是某根树枝掉在地上发出的声音，然后继续向前走吗？还是说，你会认为这是枪声而变得恐惧起来？抑或是，你认为这虽然是枪声，但你并不会感到恐惧，因为你知道这附近有猎人在捕猎，而你早已做好了正确的防范以免误入猎人的捕猎区域？如果你觉得这声响是树枝弄出来的，那你基本上不会做出什么反应。但如果你认为这声音是枪声，那根据你对这片森林的熟悉程度，你的心跳或多或少会上升（Goldstein, 2009）。

这个例子生动地阐释了我们解释事物的方式（在本例中，事物指的是声音）取决于我们对该事物的已知程度。实际上，认为那声巨响是树枝断裂所造成的声音而非是枪声的判断并没有改变原本的声波——改变的只是你听到声音的方式。这就是感觉和感知之间的差异。感觉是你的五感通过器官所接收到的信号，而感知则是你对这些信号的解释。

感觉是客观的，但感知是主观的。

所以说，感觉是客观的，但感知是主观的。

换句话说，一个人所感知到的东西会因个体及所处情境的不同而有所差异。一个关于视觉的简单例子也可以说明这一点。如下图所示，在不同的背景中，即使是相同颜色的图案，看上去时也会变得不同。

一个人所感知到的东西会因个体及所处情境的不同而有所差异。

这个图片显示了两个大矩形包裹着两个小矩形。看看这其中的两个小矩形，它们是同一颜色吗？左边的矩形看起来好像颜色更浅点，而右边的那似乎颜色更深点——对吗？实际上，它们是同一种颜色。而使你认为左边的矩形颜色更浅的原因是它被颜色更深的大矩形包围了。

这和上图是同一张图，但我们移开了作为背景的大矩形。因此在这张图中，你能清楚地看到这两个小矩形是同一种颜色。对很多人来说，也许很难相信上面这张图中的两个小矩形是同一种颜色。这一错觉很强大，由此论证了感知所处背景的重要性。我们从小矩形中接收到的感觉虽然没有改变，但我们对它们颜色的感知却会被它们的背景颜色所影响。

接下来，你还会看到另一个有关视觉的例子：当某样东西向你移动时，它看起来似乎在不断变大，而当这样东西逐渐远离你时，它似乎就会变小。但真实的情况是，它始终保持着同一大小，只是我们看它的方式让它"改变"了(这一效应就是"大小恒常定理"；Boring, 1940)。不过，我们的大脑会找到修正这一错觉的方式——仅当我们拥有相关背景线索的时候。

这两张图显示了两个人站在镜头前的不同距离。离镜头近的人能看见她的双手，且正好"站在"离镜头远的那个人的"脚下"，看起来就好像她们都把一个小人捧在手里。在这个错觉中，两个人的并列位置使得我们暂时"忽略"了大小恒常定理 (Boring, 1940)。所以"反常"地，我们在这两张图中感知到的居然准确呈现了我们原本的视觉！其实，大小恒常定律描述的是感觉与感知之间的差异，因为即使从我们的眼睛传递到大脑的感觉随着物体的远近移动而使物体看起来发生了大小变化，但我们的大脑依旧能够调整感知，即认识到物体只是在移动而非改变了大小。

教育中的感知

这种基于环境的、主观的感知在学习相关的领域中同样也有出现。比如，我们可能会觉得我们是以一种中立的、公正的方式在教授学生知识并对其进行评估，但实际上学生会将自己先入为主的观念、反应及态度一并带入课堂。类似地，学生对教学策略和评估工具也有自己的想法。桑贝尔 (Sambell) 与麦克道尔 (McDowell, 1998) 曾对英国的大学生做过一些深度访谈，以此来检测他们对不同评估方式 (包括闭卷和开卷测试) 的态度。有趣的是，某名学生说这两种测试方式是不同的，因而要做不同的备考；而另一名学生则说无论是开卷还是闭卷，她都会做一样的准备，因为她认为测试的内容始终是一样的。

当我们讨论感知时，我们通常还需要区分自上而下与自下至上的信息加工方式，认识并理解它们之间的区别是很重要的。自下至上的信息加工以刺激为其始末，所以你会关注并尝试理解那些你正在感知的信息，而非用你的已知去解读所处情境。

自下至上的信息加工以刺激为其始末。

新生儿参与最多的就是这种自下至上的加工：他们的注意会被环境中鲜艳的、光亮的、有声响的东西所吸引。如果他们听到了火灾警报，他们可能会表现出不安、被吓到或哭泣；尽管他们并没有考虑过警报响是什么意思（"天哪，可能是着火了！"或"可能是火灾演习，之前好像有人告诉过我们了！"）。

自上而下的加工，则需要用你的已知来解释接收到的信息。在上述火灾警报的例子中，一名成年人就会用他关于声音来源的知识（意识到这是警报声）以及任何他可能接触到的信息（如已被告知这是一场演习），依情况做出反应（恐惧、受惊或生气）。

自上而下的加工需要用已知来理解所处情境。

当我们看着某事物时，我们是在大脑中一点点拼凑视觉中所呈现的东西（自下至上的加工）。显然，当有不同的刺激"敲打"着我们的感官时，我们总是会使用这种自下至上的加工。然而，人类使用自上而下的加工也比我们意识到的要多得多。

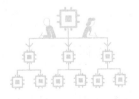

人类参与最多的是自上而下的加工。

阅读行为中就有很多相关的例子：

（1）同一个字符既能被读成数字 13，也可被读成字母 B，这取决于环绕字符的是数字还是字母。

（2）同一个字符既能被读成 H，也可被读成 A，这取决于环绕它的字母是什么。

（3）我们会推理合适的隐藏字母来填补单词。

在上述例子中，对某一字符的解释取决于字符所处情境的线索（在所有例子中，这一"字符"都是模棱两可的数字／字母，而线索来自它周围的、显示清楚的字母）。当上述例子来自某篇阅读时，用自上而下的加工方式来理解文本，将能帮助我们认识到学习者视角和已有背景知识的重要性。学生会将不同经验、不同类型与水平的知识带入课堂，这些都会影响他们对课堂中呈现的信息的感知。

这在课堂里是怎么发生的呢？某名学生可能会将一个抽象的观点与自己生活中的某个具体例子联系到一起，以此来使该观点变得更突出、更好记（Schuh, 2016）；而另一名学生由于缺乏与该观点相关的经历，只能抽象地解释这一概念，致使该概念变得越来越难记（详见第九章更多关于具体信息比抽象信息更好记的相关内容）。又或者，某名学生会用自己生活中而非教师知晓的某个具体例子来解释概念。在《建立联系以建构意义》这本书中，舒（Schuh, 2016, P.5）描述了教师是如何让学生学习新单词"meadow"（草地，牧场）的过程。有名学生的爷爷住在一家名叫"草地农庄"的养老服务院中，所以对这名学生来说，"草地"就是门口有着喷泉的建筑群，那里有着照看中风病人的医护人员——显然，这不同于教师所要表述的"长满草的领域"的含义。

另外，有的学生可能会对课堂上呈现的某些事物产生情感反应，这使他们会更多思考学习内容以外的东西（Mrazek et al., 2011；详见第六章更多有关这种思维过程的讨论，我们称其为"思维漫游"）。同时，另一些学生可能没受到影响，一如既往地专心于当前的学习材料。造成这一反应差异的因素有很多，来自不同文化背景的学生可能会对教学技术有着不同的反应，他们的学习动机也不尽相同（Shechter, Durik, Miyamoto, & Harackiewicz,

学习会将不同类型与水平的知识带入课堂。

作为教师，我们需要对学生理解的不同层次水平保持敏感。

2011)。此外，学生在课堂上提问的问题类型反映了学生不同的已有知识水平（Miyake & Norman, 1979）。所以，在每一次向学生呈现新的学习材料时，教师都应有意识地关注这些差异，这对于让所有学生都能学到知识来说是很重要的一步。

在教育背景中，我们可能会将"死记硬背"（在不理解信息的情况下强行记忆）视为最常见的自下至上的加工，把理解某一概念并用自己的话对其描述的过程归入自上而下的加工。尽管后者是我们更为关注的，但有学者指出，记忆和理解的发展对于学习而言同等重要（Kember, 1996）。

知识的诅咒

知识的诅咒描述了一种现象，即当你拥有很多与某事相关的经验时，你就会觉得它很简单或很普通（Nickerson, 1999）。对我们而言，我们最熟悉的就是与记忆相关的知识。所以，当我们向学生阐述某个概念时，如"提取练习"，可能就会用到那些我们熟知但学生却不熟悉的术语。例如，我们可能会这样解释"提取练习"：从记忆中将已被编码的信息提取至思维。如果学生不了解"编码"的概念，他们就会对这一定义感到困惑。又或者，我们让学生练习自由回忆或线索回忆，那在此之前，我们需要先向学生解释回忆是什么，让他们知道自由回忆和线索回忆之间的区别（如你所想，自由回忆是在不使用任何线索的情况下写出所有你能记住的内容，而线索回忆则类似于回答关于特定信息的具体问题）。

知识的诅咒意味着教师有时会缺乏对学生处理信息的过程的关注。

知识的诅咒意味着教师有时会缺乏对学生处理信息的过程的关注。尽管作为教师的我们曾经也是学生，且对现在所教的内容一无所知，但现在要装作"没学过"这些信息，并将自己代入学生的视角来体验学习的新鲜感是很困难的。

当我们在写这本书时，我们必须非常小心地检查用语，并再三确认我们没有列举那些未经定义的术语和概念——这就是我们要附上术语表的原因！例如，在第十章中，我们尝试绕开知识的诅咒，并尽力解释提取练习是如何应用于课堂和家庭学习的。

我们能对知识的诅咒做点什么吗？尼克森（Nickerson）（1999）指出，我们应尽可能多地思考各种答案或解释，有意识地减轻我们的过度自信（Arkes, Christensen, Lai & Blumer, 1987）。比方说，某名学生或你的朋友说了一句你认为是错的话，但深入思考后你可能就会意识到，他们呈现的其实是另一种你没有想到、但同样合理的解释。所以，当你想向他人解释一些你熟知的东西时，你可以尝试用自己的话解释它，这时你就会发现这种表达要比你想的难得多。这种困难感区别于加工熟悉信息时所感受到的流畅，它更贴近于你处理新的学习材料时的体验（Kelley, 1999）。总之，最重要的是要意识到思考任何概念的方式都不是绝对的——来自不同地方的人可能会用不同的方式来解读概念（Jacoby, Bjork, & Kelley, 1994）。

本章小结

感觉和感知之间的区别可以解释为什么我们体验到的世界与真实世界总有些差距，也可以说明人与人之间存在观点差异。当谈及感知时，我们需要分辨两种不同的加工方式：自下至上的加工与自上而下的加工。前者对信息的加工以刺激为始末：你会关注并尝试理解那些你正在感知的信息。这种信息加工方式固然重要，但我们更多参与的是自上而下的加工，即用我们的已知去理解信息。进一步来说，自上而下的加工会生成信息的不同解释，这意味着我们教授学生的策略也要有所选择。最后，要警惕"知识的诅咒"，它会使我们很难以新手学习者的视角看问题。

参考文献

Arkes, H. R., Christensen, C., Lai, C., & Blumer, C. (1987). Two methods ofreducing overconfidence. *Organizational Behavior and Human Decision Processes*, 39, 133– 144.

Boring, E. G. (1940). Size constancy and Emmert's law. *The American Journal of Psychology*, 53, 293–295.

Goldstein, B. E. (2009). *Sensation and Perception*, 8th (Ed.) Belmont, CA: Cengage Learning.

Jacoby, L. L., Bjork, R. A., & Kelley, C. M. (1994). Illusions of comprehension, competence, and remembering. In D. Druckman & R. A. Bjork (Eds.), *Learning, remembering, believing: Enhancing human performance*, 57–80. Washington, DC: National Academy Press.

Kelley, C. M. (1999). Subjective experience as a basis of "objective" judgments: Effects of past experience on judgments of difficulty. In D. Gopher & A. Koriat (Eds.), *Attention and performance XVII: Cognitive regulation of performance: Interaction of theory and application*, 515–536. Cambridge, MA: MIT Press.

Kember, D. (1996). The intention to both memorise and understand: Another approach to learning? *Higher Education*, 31, 341–354.

Miyake, N., & Norman, D. A. (1979). To ask a question, one must know enough to know what is not known. *Journal of Verbal Learning and Verbal Behavior*, 18, 357–364.

Mrazek, M. D., Chin, J. M., Schmader, T., Hartson, K. A., Smallwood, J., & Schooler, J. W. (2011). Threatened to distraction: Mind-wandering as a consequence of stereotype threat. *Journal of Experimental Social Psychology*, 47, 1243–1248.

Nickerson, R. S. (1999). How we know—and sometimes misjudge—what others know: Imputing one's own knowledge to others. *Psychological Bulletin*, 125, 737–759.

Sambell, K., & McDowell, L. (1998). The construction of the hidden curriculum: Messages and meanings in the assessment of student learning. *Assessment & Evaluation in Higher Education*, 23, 391–402.

Schuh, K. L. (2016). *Making Meaning by Making Connections*. Dordrecht, Netherlands: Springer.

Shechter, O. G., Durik, A. M., Miyamoto, Y., & Harackiewicz, J. M. (2011). The role of utility value in achievement behavior: The importance of culture. *Personality and Social Psychology Bulletin*, 37, 303–317.

第六章
注　意

注意是个很难定义的认知过程。

一般来说，注意被认为是一种"容量有限的资源"。

认知负荷理论可帮助教师集中于信息解释的效率，从而避免产生额外的负荷。

注意的一项重要特征是每一次仅能有选择地关注一种刺激。

在两项任务之间来回切换会降低工作效率与反应速度。

学生对学习内容投入的注意水平在某种程度上取决于学习材料的显著性。

个人兴趣与情境兴趣都会影响我们在某个学习情境中投入的注意水平。

思维漫游会使你因产生一些想法而从当前的任务中分心。

思维漫游有时也会带来麻烦，它会使学生错过重要的信息。

注意是个很难定义的概念，但它对学习的发生非常重要。我们的注意资源是有限的，因而必须优先将其分配至最重要的信息。

"集中注意!""你不专心。""如果你能集中注意的话，……"

毋庸置疑，你一定听过或曾说过好几遍这样的话。那到底什么是"注意"呢?"注意"是否有个公认的清晰定义呢? 威廉·詹姆斯（William James）（被誉为"心理学之父"）对此做了说明:"每个人都知道什么是'注意'。它是以一种清晰且生动的方式自述心智；同时，它也是各种可能的对象或一串思想的一种反映。"

> 每个人都知道什么是'注意'。它是以一种清晰且生动的方式自述心智；同时，它也是各种可能的对象或一串思想的一种反映（1890）。

威廉·詹姆斯（William James）

在威廉所编写的关于"注意"的书籍出版百年之后，另一名认知心理学家哈尔·帕什勒（Hal Pashler）发表了与之相反的论述:"现在介绍'注音'的一些书籍大多采用经验主义与怀疑论的研究立场，即假定没人知道什么是'注意'。"

> 现在介绍'注音'的一些书籍大多采用经验主义与怀疑论的研究立场，即假定没人知道什么是'注意'（1999）。

哈尔·帕什勒（Hal Pashler）

注意是个很难被定义的认知过程。

事实上，很多研究者都不清楚注意的性质——尽管他们都尝试过要对这个难以捉摸的概念进行定义。注意是某种身体上的东西吗？"集中/付出"注意是什么意思——听起来好像是某种支出？"将你所有的注意都给予某事物"又是什么意思？注意到底是一种成因（如，有助于学习的东西）还是一种结果（如，通过学习收获的东西；Anderson, 2011）？

注意是个很难被清晰定义的概念——以至于当代的一些研究者认为现在还无法研究注意。

布里特·安德森（Britt Anderson）在其标题颇具煽动性的文章中指出："没有哪个概念像注意一样。"

……尽管一直以来我们做了很多努力，但对于注意这一现象的相关知识还基本停留在古希腊时代（2011）。

布里特·安德森（Britt Anderson）

尽管如此，但绝大多数认知心理学家还是认为注意是个需要教授给学生的重要概念。为此，他们总结了一个最被广为认可的定义：注意聚焦于某种特定的刺激，或注意体现了聚焦于特定刺激或位置的能力（如果讨论对象有个体差异的话）。

注意与认知负荷

一般来说，注意被认为是一种"容量有限的资源"（Moray, 1967）。你可以用支出预算来做个类比。假定，你有一定数量的钱，而且你已经将它们分配为不同的费用支出。如果你这个月在一条连衣裙上花了很多钱，那你可能就无法出去吃饭了。而若你买的是一条便宜的裙子，那你依旧能在高档餐厅中美美地吃上一顿。

一般来说，注意被认为是一种"容量有限的资源"。

注意同样如此，根据有限容量资源模型：你有一定总量的注意，然后你会将其分配至不同的任务。如果你正在做某个需要花费大量注意的困难任务，那你就没有什么"多余"的注意可作他用。若你做的是某个简单的任务，那你就还有"剩余"的注意资源可以分给其他任务。

有限的注意资源说明我们每一次的信息加工都会受到一定的数量限制。注意能关注的信息总量就是文献中提及的"认知负荷"，信息数量过多则是

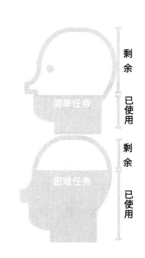

剩余

已使用

简单任务

剩余

已使用

困难任务

认知负荷理论可帮助教师集中于信息解释的效率，从而避免产生额外的负荷。

所谓的"认知超载"（Sweller & Chandler, 1994）。目前，有两种关于认知负荷的理论统领了相关的研究领域：其一是"负荷理论"（Lavie, Hirst, De Fockert, & Viding, 2004），其二是"认知负荷理论"（CLT; Chandler & Sweller, 1991）。

拉维（Lavie）的负荷理论区分了不同类型的负荷：知觉负荷，指的是自下至上的加工所处理的信息量（详见第五章）；认知负荷，指的是工作记忆加工信息的需求（详见下述）。这一理论是比较细致的，它能使我们更准确地分辨负荷对学习带来的积极与消极影响。例如，一项研究表明，增加的知觉负荷会减少无关（这里指的是广告）的记忆，而增加（一定量）的认知负荷则能实际促进学习（Wang & Duff, 2016）。

斯威勒（Sweller）的认知负荷理论对教师来说更为亲切，因为这一理论的大部分论述都能直接应用于教育（Chandler & Sweller, 1991; Chang & Ley, 2006）。该理论的基本观点是：我们每一次都只能加工有限数量的信息，所以要尽可能地避免由无关或冗余的学习材料所产生的注意超载。这对于我们设计信息呈现、编写教科书以及创设多媒体材料都有着重要的价值（Mayer & Moreno, 2003）。在本书的第九章和第十一章，我们会更为详细地介绍如何减少认知负荷的相关问题。

多重任务处理的神话

你可能不会意识到，但我们的注意机制的确有个十分重要的特征——无论你支持上述介绍的哪一种理论——这些理论都认为我们每一次仅能有选择地关注"一种"刺激（一个地点、一个物件或一条信息）。

现在，我们就将说明一些你可能很难立刻相信的事实。首先，你想要在同一时刻将注意分配给一个以上的对象几乎是不可能的。你可能会提出异议——

"但是我能边开车边听音乐，我能边吃饭边读书，我能边听电视边看笔记"。也许所有人都经历过诸如此类的注意分散吧——这一干扰物可能是电视、音乐、孩子或父母，也可能是你边读这句话边在做的另一件事。你可能不会将我们上述列举的这些事物当成一种干扰，因为你已习惯它们在你的所处环境中（如电视），或是你将它们当成环境的补充，因而不认为它们干扰了环境（如音乐）。

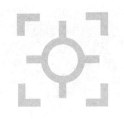

注意的一项重要特征是每一次仅能有选择地关注一种刺激。

然而，你的直觉很有可能都是错的。如果你正集中注意在这句话上，那你就不会有意地去加工音乐的信息。如果你现在能准确地说出电视里正在播放的内容，那你就不能对刚才的阅读做个良好的总结——至少，肯定不如你全神贯注于一个任务时做得那样好。不过，如果你还是觉得自己能同时做两件事，那你可能是找到了在并行任务中快速切换注意的方法。当你觉得自己在做多重任务，或在两个对象上分配注意时，你其实正在这两个对象间快速切换注意。然而，这么做会降低两个任务的工作效率。

注意的一项重要结论指出，在两个不同的任务中来回切换注意会消耗一定的转换成本，且会降低这两个任务的工作效率与反应速度(Gopher, Armony,

在两项任务之间来回切换会降低工作效率与反应速度。

& Greenshpan, 2000）。

这里有个十分简单但却足够有力的示证可以说明任务切换时消耗的成本。你可以尝试一番——或者，如果你是一名教师——你可以和你班上的学生一起实验。学生既可以单独参与，也可以两两组队，还可以组成三人小组，又或是让一名学生成为"案例研究"的对象，班里其他人作为观察者。具体过程是：让学生同时进行两项不同的任务并计时，然后尝试在这两项任务之间来回切换。

示　证

这一示证包含了三个小任务：

◇任务 1：从 1 数到 26。

◇任务 2：背诵从 A 到 Z 的字母。

◇任务 3：交叉背诵数字与字母，即 1-A-2-B-3-C 等，也就是任务 1 与任务 2 的来回切换。

就是这三个简单的小任务！如果你想试试，那就依次照着做，并为每个小任务计时。现在就试试吧——在你往下读之前。

每个任务大致需要花多少时间呢？我（雅娜）有 27 名线上课堂的学生参与了这三个任务，作为周测的一部分，我还要求学生反馈他们在每个任务上所花的时间（以秒计），结果如下所示：

◇任务 1（从 1 数到 26）需要 5 ～ 48 秒。

◇任务 2（背诵从 A 到 Z 的字母）需要 3 ～ 22 秒。

◇任务 3（交叉背诵数字与字母）需要 27 ～ 110 秒。

值得注意的是，每个学生在任务 3 上所花费的时间都比较多，甚至多于其他两项任务（任务 1+ 任务 2）所花费的时间总和。所以，每个学生在这场示证

中都付出了一定的任务切换成本。

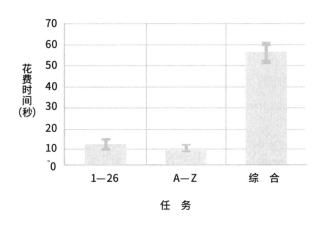

　　如果你想把这场示证作为一项课堂活动，那你可以尝试用多种方式展开。比如组队，让一名学生作为计时者，另一名学生作为参与者（整个过程大致需要 5 分钟）。当然，学生也可以轮流体验计时者和参与者的角色（整个过程大致需要 10 分钟，且如果你想要积累足够的数据以分析整个班级的情况，那就多分几个小组）。除了组队，也可以选择让某个学生担任志愿者，在整个班级面前尝试进行这三个任务。尽管我们列举的这一示证对于任务切换成本的计算比较粗略，但即使是单一参与者的案例，也能证明这一成本的存在。

什么因素能驱使注意面向学习？

注意的显著性强化理论指出，注意资源的频繁切换会使某项对象变得更为显著——更为引人注目或显得重要。例如，你正在看"沃尔多在哪里"或也可称为"沃利在哪儿"的拼图（美国和英国所使用的游戏术语）。图中的每个人都穿着相同制式的衣服，所以你很难马上找到真正的沃尔多。虽然你的任务就是要关注沃尔多，但由于每个人看起来都像他，所以你的注意散布于整个拼图上。而现在，假设抹掉了除沃尔多所在位置以外的所有颜色，那么除沃尔多以外的所有人都会变成黑白色。于是，沃尔多出现了！

显著性强化理论描述的便是这种注意的突出效应——我们正在集中注意关注的事物会在思维中变得显著。比方说，让你数一下周围有多少红色的事物，那你向周围环视一圈便能立刻找到答案，且不会将其他无关的颜色包含在内，这是不是很神奇？没错，强化对象的显著性能使你的注意变得更为集中。在教育背景中，学生对学习内容投入的注意水平在某种程度上取决于学习材料的显著性。

显著性的形成有多种来源：来自于学生的学习动机，对学习材料的感兴趣程度，教师呈现信息的方式，又或者与自下至上的加工过程相关，如明亮颜色与响亮声音的加工（详见第五章更多关于自下至上与自上而下的加工）。

例如，雅娜在班上突然拍起了手或者突然大声说了一句令人意外的话，学生的注意便会重新回到课堂上！又如，梅根有时会对她的学生说："如果我发现你们没有专心听讲，那我会让你们举手。"每当遇到这种时候，全班都会安静下来。有的学生可能会轻笑一声举手，而有的学生，尤其是那些注意

学生对学习内容投入的注意水平在某种程度上取决于学习材料的显著性。

不够集中的学生，就可能会边举手边向周围看看，感觉有些摸不着头脑。此外，还有一些完全迷糊的学生则仍没发现异状，直到被叫起来提问，才一个激灵地意识到自己的注意早已转移到其他事物上去了！

希迪（Hidi）与哈拉奇维茨（Harackiewicz, 2000）区分了个人对某一对象所拥有的两种兴趣类型：个人兴趣与情境兴趣。以本书为例，个人兴趣指的是你对认知心理学应用于教育领域的感兴趣程度，而情境兴趣指的是本书的吸引人程度或你对书中插画的喜爱程度。例如，在教育背景下，某一高中生可能对性别有着个人兴趣，所以他或她会在班里更为关注与性别相关的话题。又或者，有学生以某个特定的班级为目标——比如，他或她将来想去医学院读书，那就可能会对化学班感兴趣。

情境兴趣，描述的是教师如何使课堂变得有吸引力。情境兴趣的增加可以通过多种不同的教学技术／工具实现。比如，向学生清楚地讲解那些理解有难度的观点（Rotgans & Schmidt, 2011），参与诸如让学生搜集信息并教授给彼此的社会学习活动（Hidi, Weiss, Berndorff, & Nolan, 1998），使用具体例子（Tapola, Veermans, & Niemivirta, 2013；详见第九章）。个人兴趣与情境兴趣都会影响我们在某个学习情境中投入的注意程度。作为教师，我们需要掌控的是情境兴趣，而非个人兴趣。

个人兴趣与情境兴趣都会影响我们在某个学习情境中投入的注意水平。

请注意，个人兴趣与情境兴趣之间的关系不同于内在动机与外在动机之间的关系。从广义的角度来说，内在动机描述的是学生出于自己的目的或意愿而学习，外在动机则指学生为了外部的奖励与惩罚而学习（Reiss, 2012）。理解这两者之间的区别十分重要，因为外部的奖励和惩罚会削减已有的内在动机（Deci, Koestner, & Ryan, 1999；值得一提的是，当我们缺少内在动机，比如遇到一些无聊的任务，外在动机就会变得有用, Deci, Koestner, & Ryan, 2001）。另外，情境兴趣不会破坏个人的内在兴趣——相反，情境兴趣能帮助我们维持甚至是强化内在兴趣

(Hidi & Harackiewicz, 2000)。

不集中注意有哪些后果？

无论你有多么好学，你也必须承认，有时候你的确会从正在做或想的事情中分心。当这些干扰来自于你的大脑时，心理学家将其称为"思维漫游"（Smallwood & Schooler, 2006）。认知心理学家则将你投入注意的对象归为一个"任务集"。例如，如果你打算阅读本章内容，那么你当前的任务集就是"阅读本章"。而若你在阅读这段话后产生了一些不相关或彻底无关的想法，比如"我想想待会儿晚饭吃什么"，那就意味着"阅读本章"的任务集执行失败。

思维漫游的程度取决于一个人正在做的事。这一概念通常与任务难度有着颇为有趣的联系：所做的任务越简单，就越有可能发生思维漫游（Forster & Lavie, 2009），但同时它也有个极端，即如果做的任务非常困难，那也有可能激发思维漫游（Feng, D'Mello, & Graesser, 2013）。基于这种程度的差异的存在以及测量方法的不同（Weinstein, 2018），我们很难给思维漫游的频率计算一个"平均值"，而且这也没有什么意义。不过，研究者指出，学生在一堂课中至少有一半的时间没有集中注意关注教师正在说的话（Smallwood, Fishman, & Schooler, 2007）。

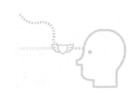

思维漫游会使你因产生一些想法而从当前的任务中分心。

在 20 世纪早期，研究者就在尝试测量课堂中的思维漫游。1941 年，埃得米斯顿（Edmiston）与布拉多克（Braddock）通过记录学生在课堂上的一些行为，如"身体反应"或"眼神变化"，来观察并判断学生是否分散了注意。

1956 年，科恩（Cohen）、汉塞尔（Hansel）与西尔维斯特（Sylvester）在每个学生的课桌上放了一个按铃工具，要求学生在自己走神的时候立刻按下铃铛。这些信息会反馈到隔壁房间的一盏灯上，以 5 分钟为计量单位，研究者统计了这一时间段内学生发生思维漫游的平均次数。他们在文章中指出，学生之间的思维漫游情况差异很大。

　　大多数思维漫游的相关研究都以成人作为实验参与者。然而，儿童到了11岁左右时也会开始发展自我调控的学习能力（Roebers, 2006）。因此，姆拉泽克（Mrazek）、菲利普斯（Phillips）、弗兰克林（Franklin）、布罗德韦（Broadway）与斯库勒（Schooler, 2013）以中学生和高中生作为研究对象，并在研究中指出，这些与六年级的孩子年龄相仿的学生已经能够准确地报告自己的注意焦点。另外，在这个年轻的样本中，研究者还发现思维漫游会对学生的理解能力产生消极影响。

　　当我们尝试进行理解和学习时，我们需要将学习内容与内在的心理世界建立联系。思维漫游之所以有时会变得麻烦，是因为它会使学生错过重要的信息（Smallwood et al., 2007）。学生在学习中发生的思维漫游的次数与他们之后发展的阅读理解能力（Smallwood, McSpadden, & Schooler, 2008）、记忆能力（Risko, Anderson, Sarwal, Engelhardt, & Kingstone, 2012）息息相关。不过，这一相关性并不意味着思维漫游就是造成成绩低下的直接原因

思维漫游有时也会带来麻烦，它会使学生错过重要的信息。

（详见第二章）。

最后，思维漫游不仅会发生在学习中，测试中也会出现。因此，大多数学生都认为若在测试中发生了思维漫游，就会因测试时间管理不当而"收获"失败（Ling, Heffernan, & Muncer, 2003）。

短时记忆的能力

研究者对短时记忆的能力亦进行了不少深入研究。他们关注的不仅是记忆的时间，还更为细致地考察每一次短时记忆可以储存多少数量的信息。一种最简单、可测量短时记忆的能力的任务是"记忆广度任务"。在这一测试中，实验人员需要先朗读一串数字给实验参与者听，然后参与者按之前听到的数字顺序重述一遍。如果参与者成功了，那在下一轮测试中就将增加数字的数量，直到参与者无法以正确顺序重述这些数字为止。所以，如果你能在 9 个数字之前都准确重述的话，那你的记忆"数字广度"就是 8。大多数人的数字广度都在 5 ～ 9 之间。

也许你会有此疑问：我们真的只能记住 5 ～ 9 个数字吗？好像太少了吧！没错，我们聪明的大脑会前来增援，帮助我们绕开这一容量限制。如下图所示，假设我们现在要求你复述之前记忆的字母与数字串：

ET6NAHCOTEPRITATN

很明显，如果你想不看这一页就直接复述，那你肯定说不对这完整的一串（不过，我们还是鼓励你试试）。

可是，如果我们重新调整一下字母和数字的顺序，使它们变得有意义呢？

于是乎，你就会发现，"小菜一碟"嘛！这就是所谓的"组块"（没错，这是真的科学术语）的功能。组块可以使更多的信息被储存在短时记忆中，所以虽然你还是仅能记住 5 ～ 9 个单元（在上例中以数字呈现），但每个单元却包含了更多的信息。有个叫作 S.F. 的人能将其数字广度拓展到 80 个数字左右（Ericsson & Chase, 1982）！没错，研究者先读了 80 个数字，然后这名参与者就能以正确顺序重述一遍。不过，要做到这一点并不容易，S.F. 在两年中进行了长达数百小时的练习，旨在学习如何将无序的数字重新组合为有意义的单元（遵循他熟悉的记忆路线）。当然，我们不需要通过这样的方式来增加短时记忆的能力，因为只拓展数字广度并不能实际帮助我们学习并记忆与教育相关的材料。

其实早期的时候，研究者认为短时记忆仅有非常小的储存容量，但通过记忆广度的任务后，认知心理学家开始意识到短时记忆的功能不仅是简单地储存信息。换言之，除了储存，短时记忆还能使我们操控信息（如，在你的大脑中做数学计算）与切换任务——尽管多重任务的工作效率要比专心从事某一任务的效率低。

另外，从长期学习新知识的角度来说，最重要的就是要让短时记忆中的信息得以深入至长时记忆。短时记忆的信息加工过程决定了哪些信息值得保留，哪些信息在 15 ～ 30 秒之后可以被遗忘（详见第七章）。

工作记忆

认知心理学家尝试通过"工作记忆"的模型来描述注意的过程。什么是模型？一个认知模型可以看作是一个框架，它定义且描述了思维中发生的各种不同过程。我们这里所说的"工作记忆"的模型是指在短时间内维持信息、操控信息，并将信息传递至长时记忆的一种能力。这种能力能帮助我们在不同的任务间实现注意的来回切换（正如上述，效率并不高）。特别地，认知心理学家对工作记忆中的三个关键过程——语音环、视觉空间模板与中央执行系统——十分感兴趣（Baddeley & Hitch, 1974; Baddeley, 2003）。

语音环负责储存与述练言语／听觉信息。其中，"述练"指的是在大脑中不断地重述某一信息，就能维持一段时间的记忆。这是一种获取短时记忆广度的方式，一般会在无意识的状态下进行。你可以设想这样一个情景：你正看着手机页面上的一串号码，但很恼火的是，这个号码不能直接点击拨出，因为它不是正确的号码格式（即不可点击的链接）。于是，你只能先记住这串号码，再从浏览页面切换至手机拨号页面，输入号码点击拨出。在这一过程中，为了能够记住这串号码，你会不断地（在你的大脑中）复述，"555 6792, 555 6792, 555 6792"，直到你完全将这串号码输入至拨号页面上。所以说，当你在这个例子中复述号码时，你就在使用你的语音环。

如果你的语音环正忙于处理其他事宜，那它就不会帮你维持信息。你可以试想一下，如果我现在要求你在大声复述"the-the-the"的同时，记住刚才的那串电话号码会怎样？你会觉得很难，因为你的语音环正忙于处理"the-the-the"的声音信息，以至于它无法高效地述练你想要记住的号码。

视觉空间模板能够帮助你储存视觉信息并规划使用视觉表象。换句话说，它能使你创设心理地图与空间图像。例如，我问你该如何从房间移动到厨房，你可能会将你想象中的移动过程画给我看。这一想象过程正是利用了视觉空间模板的功能。

视觉空间模板的工作与语音环的工作在某种程度上是相互独立的。比方说，在语音环的那个例子中，如果我让你做的是一个视觉表象任务而非记忆任务，那你在大声复述"the-the-the"的同时，可能依旧能够做好视觉型的任务。这说明视觉空间模板和语音环分别涉及的是不同的认知过程。

第三种是工作记忆模型中的最后一个过程，叫作中央执行系统。虽然目前还不是很清楚这一部分在工作记忆模型中的具体工作，但可以肯定的是，它参与了工作记忆所有的工作过程，且与注意联系紧密：决定了我们关注什么，决定了什么信息要被送至长时记忆或从长时记忆中传递出，并负责连接语音环和视觉空间模板。

注意的个体差异

很多理论都想总结注意的个体差异及其成因。然而，理解这些理论的其中一个难点便是术语问题。随着年代更迭，术语也在更新。例如，思维漫游的概念在教育学的相关文献中最早出现于 19 世纪（Loisette, 1896）。而在不同年份，研究者使用不同的术语：目标疏忽（Kane & Engle, 2003）、刺激—自由思维（Teasdale et al., 1995）、白日梦（Schupak & Rosenthal, 2009）、心不在焉（Reason & Mycielska, 1982）。

然而，不管用什么标签命名，从某一任务上脱离注意的倾向还是会贯穿在人的一生之中，且因人而异。例如，相较于年轻人，中年人会出现更少的思维漫游（Jackson & Balota, 2012）。其他与思维漫游相关的因素是注意分散的个体差异（Forster & Lavie, 2014）与情绪（消极的思维漫游会引发更大规模的思维分散; Smallwood, Fitzgerald, Miles, & Phillips, 2009）。

进一步来说，思维漫游与注意的个体差异有着复杂且令人争议的关系（McVay & Kane, 2012）。我们将借由三种理论来说明注意的个体差异，并解释为什么有的人会认为自己比其他人更难集中并维持注意。

理论 1：工作记忆容量

如上述，工作记忆允许你在大脑中处理事情（比如，我让你做 15×7 的运算），并能帮助你在不回头重看这几行字的情况下就记住本句话的开端。注意的工作记忆理论指出，我们拥有的"注意资源"取决于我们每一次可以维持和操控的信息数量。这一理论在教育领域中颇有人气，不少研究都发现了工作记忆容量和学业成就之间的相关关系（Gathercole, Pickering, Knight, & Stegmann, 2004）。

理论 2：加工速度

加工速度理论描述了注意资源的工作效率，即我们处理信息的速度究竟能达到多快（Kail & Salthouse, 1994）。这一理论的基本观点是：我们在学习完成那些非常简单的任务时速度极快。所谓"简单的任务"，指的是一些辨认形状、颜色与字母的单一类任务。由该理论可知，注意资源的容量取决于我们完成简单任务的速度——那么，我们在加工任务中的多样信息时的速度越快，就越能达成良好的任务表现。这一理论也常被用于教育领域，加工速度与学业成就之间亦存在积极相关（Bull & Johnston, 1997）。

理论 3：注意控制

注意控制理论指的是我们在任一时刻集中关注所选对象的能力。根据该理论，善于控制注意的人能更有效率地选择注意对象，更长久地维持注意，并在这一过程中更少分散注意或开始思维漫游（McVay & Kane, 2009）。不过，注意控制不能解释思维漫游的个体差异，换句话说，还有其他一些因素同样会产生影响（Stawarczyk, Majerus, Catale, & D'Argembeau, 2014）。

事实上，分辨这些理论超出了本书的内容范围。由于目前没有确切的科学结论可以解释这一问题，所以我们在本书中也无法对其进行深入讨论。不过，据我们所知，与注意相关的影响因素会因人而异，且这些因素还可能与学业成就相关。但值得指出的是，个体差异在很大程度上是不受我们控制的，我们必须承认这一点。

最近关于"大脑训练"的一些研究展现了研究者对于克服这些个体差异的渴望。"大脑训练"强调我们可以改变自己的工作记忆能力、加工速度以及注意控制。早期的研究结果曾认为这种类型的训练或有可能问世（Klingberg, Forssberg, & Westerberg, 2002），实际上也的确有很多广告公司创造了一批大脑训练的产品，并在未经科学验证的情况下随意地推向市场（Andrews, 2016）。不幸的是，所有的这些产品用户都期待自己在大脑训练中收获进步的表现，尽管研究并没有一致发现（游戏）训练的效果可以迁移至现实生活中，提升注意与工作记忆的能力（Melby-Lervåg & Hulme, 2013）。

基于此，我们不会过多陈述这些颇有争议的研究问题——相反，我们更为关注的是以数十年的深厚研究为基础的有效学习策略（Weinstein, Madan, & Sumeracki, 2018；详见第八章至第十章）。

本章小结

注意常被认为是一种"容量有限的资源"。就像支出预算一样，你拥有一定总量的注意，并计划将其分配至不同的任务。注意工作机制中有个极为重要的特征，即每一次仅能有选择地关注一个地点、一个物件或一条信息。所以，你想要在同一时刻将你的注意分配给一个以上的对象几乎是不可能的。在教育背景中，不集中注意会严重妨碍学习。学生在课堂上集中注意的程度取决于多种内外部因素，教师可以管理其中的部分因素。

参考文献

Anderson, B. (2011). There is no such thing as attention. *Frontiers in Psychology*, 2,246.

Andrews, J. (2016). We must challenge any company that claims to tackle dementia. *Nursing Standard*,30,32–32.

Baddeley, A. (2003). Working memory: Looking back and looking forward. *Nature Reviews Neuroscience*,4,829–839.

Baddeley, A. D., & Hitch, G. (1974). Working memory. *Psychology of Learning and Motivation*,8,47–89.

Bull, R., & Johnston, R. S. (1997). Children's arithmetical difficulties: Contributions from processing speed, item identification, and short-termmemory. *Journal of Experimental Child Psychology*, 65, 1–24.

Chandler, P., & Sweller, J. (1991). Cognitive Load Theory and the format ofinstruction. *Cognition & Instruction*, 8, 293–240.

Chang, S. L., & Ley, K. (2006). A learning strategy to compensate for cognitive overload in online learning: Learner use of printed online materials. *Journal of Interactive Online Learning*, 5, 104–117.

Cohen, J., Hansel, C. E. M., & Sylvester, J. D. (1956). Mind wandering. *British Journal of Psychology*, 47, 61–62.

Deci, E. L., Koestner, R., & Ryan, R. M. (1999). A meta-analytic review of experiments examining the effects of extrinsic rewards on intrinsicmotivation. *Psychological Bulletin*, 125, 627–688.

Deci, E. L., Koestner, R., & Ryan, R. M. (2001). Extrinsic rewards and intrinsic motivation in education: Reconsidered once again. *Review of Educational Research*, 71, 1–27.

Edmiston, R. W., & Braddock, R. W. (1941). A study of the effect of variousteaching procedures upon observed group attention in the secondary school. *J. Educ. Psychol.*, 32, 665. doi: 10.1037/h0062749

Ericsson, K. A., & Chase, W. G. (1982). Exceptional memory: Extraordinary feats of memory can be matched or surpassed by people with averagememories that have been improved by training. *American Scientist*, 70, 607–615.

Feng, S., D'Mello, S., & Graesser, A. C. (2013). Mind wandering while readingeasy and difficult texts. *Psychonomic Bulletin & Review*, 20, 586–592.

Forster, S., & Lavie, N. (2009). Harnessing the wandering mind: The role of perceptual load. *Cognition*, 111, 345–355.

Forster, S., & Lavie, N. (2014). Distracted by your mind? Individual differencesin distractibility predict mind wandering. *Journal of Experimental Psychology: Learning, Memory, and Cognition*, 40, 251–260.

Gathercole, S. E., Pickering, S. J., Knight, C., & Stegmann, Z. (2004). Working memory skills and educational attainment: Evidence from national curriculum assessments at 7 and 14 years of age. *Applied Cognitive Psychology*, 18, 1–16.

Gopher, D., Armony, L., & Greenshpan, Y. (2000). Switching tasks and attention policies. *Journal of Experimental Psychology: General*, 129, 308–339.

Hidi, S., & Harackiewicz, J. M. (2000). Motivating the academically unmotivated: A critical issue for the 21st century. *Review of Educational Research*, 70, 151–179.

Hidi, S., Weiss, J., Berndorff, D., & Nolan, J. (1998). The role of gender, instruction and a cooperative learning technique in science educationacross formal and informal settings. *In Interest and learning: Proceedings ofthe Seeon conference on interest and gender*, 215–227. Kiel, Germany: IPN.

Jackson, J. D., & Balota, D. A. (2012). Mind-wandering in younger and olderadults: Converging evidence from the sustained attention to response taskand reading for comprehension. *Psychology and Aging*, 27,106–119.

James, W. (1890). *The principles of psychology* (Vol.1). New York: Holt.

Kail, R., & Salthouse, T. A. (1994). Processing speed as a mental capacity. *Acta Psychologica*, 86, 199–225.

Kane, M. J., & Engle, R. W. (2003). Working-memory capacity and the controlof attention: The contributions of goal neglect, response competition, andtask set to stroop interference. *Journal of Experimental Psychology: General*, 132, 47–70.

Klingberg, T., Forssberg, H., & Westerberg, H. (2002). Training of working memory in children with ADHD. *Journal of Clinical and Experimental Neuropsychology*, 24, 781–791.

Lavie, N., Hirst, A., De Fockert, J. W., & Viding, E. (2004). Load theory of selective attention and cognitive control. *Journal of Experimental Psychology: General*, 133, 339–354.

Ling, J., Heffernan, T. M., & Muncer, S. J. (2003). Higher education students' beliefs about the causes of examination failure: *A network approach. Social Psychology of Education*, 6, 159–170.

Loisette, A. (1896). *Assimilative memory, or, how to attend and never forget*. New York and London: Funk & Wagnalls Company.

Mayer, R. E., & Moreno, R. (2003). Nine ways to reduce cognitive load inmultimedia learning. *Educational Psychologist*, 38, 43–52.

McVay, J. C., & Kane, M. J. (2009). Conducting the train of thought: Working memory capacity, goal neglect, and mind wandering in an executive-controltask. *Journal of Experimental Psychology: Learning, Memory, and Cognition*,35, 196–204.

McVay, J. C., & Kane, M. J. (2012). Why does working memory capacitypredict variation in reading comprehension? On the influence of mindwandering and executive attention. *Journal of Experimental Psychology: General*, 141, 302–320.

Melby-Lervåg, M., & Hulme, C. (2013). Is working memory training effective? Ameta-analytic review. *Developmental Psychology*, 49, 270.

Moray, N. (1967). Where is capacity limited? A survey and a model. *Acta Psychologica*, 27, 84–92.

Mrazek, M. D., Phillips, D. T., Franklin, M. S., Broadway, J. M., & Schooler, J. W. (2013). Young and restless: Validation of the Mind-Wandering Questionnaire (MWQ) reveals disruptive impact of mind-wandering foryouth. *Frontiers in Psychology*, 4.

Pashler, H. (1999). *The psychology of attention*. Cambridge, MA: MIT Press.

Reason, J. T., & Mycielska, K. (1982). *Absent minded? The psychology of mental lapses and everyday errors*. Englewood Cliffs, NJ: Prentice Hall.

Reiss, S. (2012). Intrinsic and extrinsic motivation. *Teaching of Psychology*, 39,152–156.

Risko, E. F., Anderson, N., Sarwal, A., Engelhardt, M., & Kingstone, A. (2012). Everyday attention: Variation in mind wandering and memory in a lecture. *Applied Cognitive Psychology*, 26, 234–242.

Roebers, C. M. (2006). Developmental progression in children's strategicmemory regulation. *Swiss Journal of Psychology*, 65, 193–200.

Rotgans, J. I., & Schmidt, H. G. (2011). The role of teachers in facilitating situational interest in an active-learning classroom. *Teaching and Teacher Education*, 27, 37–42.

Schupak, C., & Rosenthal, J. (2009). Excessive daydreaming: A case history and discussion of mind wandering and high fantasy proneness. *Consciousness and Cognition*, 18, 290–292.

Smallwood, J., & Schooler, J. W. (2006). The restless mind. *Psychological Bulletin*, 132, 946–958.

Smallwood, J., Fishman, D. J., & Schooler, J. W. (2007). Counting the cost of an absent mind: Mind wandering as an underrecognized influence on educational performance. *Psychonomic Bulletin & Review*, 14(2), 230–236.

Smallwood, J., McSpadden, M., & Schooler, J. W. (2008). When attention matters: The curious incident of the wandering mind. *Memory & Cognition*, 36, 1144–1150.

Smallwood, J., Fitzgerald, A., Miles, L. K., & Phillips, L. H. (2009). Shifting moods, wandering minds: Negative moods lead the mind to wander. *Emotion*, 9, 271–276.

Stawarczyk, D., Majerus, S., Catale, C., & D'Argembeau, A. (2014). Relationships between mind-wandering and attentional control abilities in young adults and adolescents. *Acta Psychologica*, 148, 25–36.

Sweller, J., & Chandler, P. (1994). Why some material is difficult to learn. *Cognition and Instruction*, 12, 185–233.

Tapola, A., Veermans, M., & Niemivirta, M. (2013). Predictors and outcomes of situational interest during a science learning task. *Instructional Science*, 41, 1047–1064.

Teasdale, J. D., Dritschel, B. H., Taylor, M. J., Proctor, L., Lloyd, C. A., NimmoSmith, I., & Baddeley, A. D. (1995). Stimulus-independent thought depends on central executive resources. *Memory & Cognition*, 23, 551–559.

Wang, Z., & Duff, B. R. (2016). All loads are not equal: Distinct influences of perceptual load and cognitive load on peripheral ad processing. *Media Psychology*, 19, 589–613.

Weinstein, Y. (2018). Mind-wandering, how do I measure thee with probes? Let me count the ways. *Behavior Research Methods*, 50, 642–661.

Weinstein, Y., Madan, C. R., & Sumeracki, M. A. (2018). Teaching the science of learning. *Cognitive Research: Principles and Implications*, 3, 1–17.

第七章
记　忆

我们做的每件事都需要以某种形式予以储存。

记忆不像图书馆（或计算机）——记忆是重构的。

我们不是跟随客观明确的记忆路线而精确地从记忆中提取信息的。

每一次对某段记忆的提取都是对记忆的重构，即先激活，后改变。

记忆是重构的事实意味着记忆的非客观性。

想象中的细节会构成你记忆的一部分。

多种过程构成了大脑中的丰富经历，也就是我们所说的记忆。

当认知心理学家谈及短时记忆时，他们所说的是一段非常短暂的时间（约 15 ～ 30 秒）。

只要你进行了编码，就会立刻开始遗忘。

我们的各种日常活动都需要用到记忆。但每当开始学习新的内容时，我们就立刻开始了遗忘。

记忆入门：为什么记忆如此重要？

啊，记忆。当我在写本章内容的时候，我久违地感受到了一种梦想成真的感觉，因为记忆是我最喜欢的一个研究领域，也是我成为一名认知心理学家的重要缘由。当然，不仅是我，梅根也一样，我们都对记忆充满了研究热情，并投入了绝大部分的研究生涯以检测人类的记忆是如何工作的。但是，为什么？

想想你自己的生活吧。想想你是如何定义自己的，也就是"你是谁"的问题。也许，你会把自己当成一名勤劳的工作者，因为你已经辛勤工作了很多年，记住了这样努力的工作模式。

也许，你会认为自己是一名父（母）亲。因为你想起了自己孩子的诞生或领养过程，想起了孩子的第一次受伤，你当时曾为此自责许久。或者，你想到了孩子第一天上学的日子，那时你还不敢相信原来孩子已经长得这么大了。

又或许，你觉得自己是那种对他人友好、乐于助人的人，因为你立刻想到了你曾在三更半夜开车前往你最好的朋友家中，热心地帮他处理急事。

从这个角度来说，你的个性会因你记住做过的每件事而不断鲜明。也许你有雄心勃勃的一面，即面向未来，为自己定好高远的目标——"我将得到学士学位""我将开始自己做生意""我退休后要住在佛罗里达"。但是，当我们畅想未来的时候，我们（现在）正在做什么呢？有不少研究曾热衷于"未来的心理时间之旅"的说法，其主要理论认为心理时间之旅或多或少涉及了记忆的过程（Szpunar, Watson, & McDermott, 2007）。换言之，当我们设想未来的时候，我们正在做的事可能涉及我们过往经历的点点滴滴——来自于我们的生活、书中或电影中——然后将这些记忆重新拼接组合成为一个新的想象情境（Botzung, Denkova, & Manning, 2008）。

但我们的自我概念并不是唯一一个需要记忆来填充的对象。事实上，我们做的每件事都需要以某种形式予以储存。

这看起来似乎是一句过于极端的表达，不过我们有一些例子可以说明。注意，下述内容仅是一些特定的例子，没有包含所有我们使用记忆的方式!

我们做的每件事都需要以某种形式予以储存。

◇记忆名字。也许很多人都觉得自己"不太擅长记名字"，但最终绝大多数人都会发现有些人的名字——比如家庭成员——相对来说还是比较好记的（Bahrick, Bahrick, & Wittlinger, 1975）。这是因为我们在日常生活中有很多机会可以反复练习使用这些名字。

◇记忆我们是否做过某事。这件事以前发生过没有? 你正打算吃药，但是突然想不起来自己有没有吃过药……这一阻碍我们判断事件有无发生过的过程就叫作"干扰"（Insel, Morrow, Brewer, & Figueredo, 2006）。它是一个很常见、会给人们（尤其是老年人——那些需要经常服用药物但记忆不太好的老年人）带来严重困扰的现象。

◇记忆某样东西放在哪里。这是另一个干扰会出现的典型例子，比方说，如果你每天都把车停在同一停车场，那你可以在某天专门回忆一下你停车的地方，这时你就会遇到记忆干扰（da Costa Pinto & Baddeley, 1991）。

◇记忆未来要做某事。前瞻性记忆使我们能够计划去做某事，比如在未来的某个确切的时间点吃药，因而这种记忆类型会因年龄增长受到强烈影响（Brandimonte, Einstein, & McDaniel, 1996）。

◇实现语言理解。当你在听他人说话时，你需要整合对方所说的每个词汇，因为这些词汇并不是同时呈现的。所以，如果你在听到词汇的那一刻就遗

　　理解学习（配图版）

忘了它，那你就只能听到对方说了一连串的词，而无法将其组合起来以建构理解（这一现象被称为"瞬时信息效应"；Leahy & Sweller, 2011）。这一涉及即时意义建构的过程被称为"工作记忆"（Daneman & Merikle, 1996；详见第六章）。

　　◇记忆如何做某事。有时，你能在没有真正描述某一过程或某组行为的时候就记住它们。例如，你会弹钢琴，可以打出完美的截击球，又或者你打字速度非常快。同样，这些技能也都需要某种形式的记忆，所以，这种基于技能的记忆又被称为程序性记忆（Squire, 1987）。这一概念与陈述性记忆形成对比，因为后者指的是能够陈述某一段记忆。比如，典型的失忆症患者 H. M. 就向我们展示了即使陈述性记忆失效——不能描述自己的记忆——程序性记忆也能依旧保持完整（Gabrieli, Milberg, Keane, & Corkin, 1990）。

　　尽管记忆有着丰富的功能分区，但最近还是遭受了不少批判。有些人认为，既然我们已经拥有了互联网，那就不再需要操心记忆。没错，虽然现在风靡起了诸多鼓吹以网络来取代记忆的舆论，但人类依赖外显记忆系统的经历已长达数千年。书籍历经世代传承，蕴含了大量的信息财富，而我们也一直坚持着记录（笔记、清单、提醒等）的习惯，代代相传。所以，即使是为了更好地使用外显记忆资源，我们也没有必要成为"数字的原住民"（Loh & Kanai, 2016）。

说到这里，有个有趣的研究正着力于检测上述这些行为的认知结果，即"认知卸载"（Risko & Gilbert, 2016）。例如，某一组研究表明，在某些情境下，相较于直接所见，我们更容易遗忘那些用照片记录的经历（Henkel, 2014）。

最近，我们还关注了下述问题，它们暗示了人类记忆的重要性正在降低："问问你自己，为什么刚才没用计算机？"答案很明显：因为你没有使用记忆，所以你无法使用计算机。也许我们正逐渐从直接记忆信息向记住如何从外部资源中获取信息而迈进（Sparrow, Liu, & Wegner, 2011）——但这一过程依旧需要记忆！

简而言之，如果我们做的每一件事都需要记忆的参与，那这一概念在涉及学习时就是个非常重要且需要我们理解的概念。基于此，让我们来看看目前人类对记忆的了解情况。

记忆不像图书馆（或计算机）—— 记忆是重构的

记忆不像图书馆（或计算机）
——记忆是重构的。

在早期，尤其是在认知心理学家开始研究记忆的相关过程之前，记忆通常被类比为"图书馆"。这一观点认为，记忆存在于大脑中就像文字写在书中一样，记忆被"安静"地储存在大脑指定的地方。换言之，如果我们想要提取某一段记忆，就需要走到相关的"书廊"中，选择合适的"书籍"。如果我们无法提取记忆，那就意味着书中的文字已经随着时光的流逝而褪色；又或者，如果我们无法在某个特定位置找到特定的记忆，那就说明这段记忆可能像错放的书一样找不到了。

> 我们在这里谈的是保存记忆、搜寻记忆与定位记忆。我们组织自己的想法；我们寻找那些已丢失的记忆，如果我们足够幸运，就一定能最终找到它们（1980）。

亨利·罗迪格尔（Henry Roediger）

不过，有很多研究都已表明，这并不是记忆的工作方式。实际上，我们不是跟随客观明确的记忆路线而精确地从记忆中提取信息的。相反，记忆是重构的（Schacter, 2015）。

这是长时记忆的一个核心概念：每一次提取记忆的过程都是改变记忆的证明。

试想一下，每一次你在讲同一个故事的时候，这个故事都会因加入了一些精彩的细节，或删掉了无聊的情节而变得越来越精美。也就是说，记忆本身——不仅是故事——是会改变的。所以，每当你在下一次重新提取故事的相关记忆时，这一故事都会变得更像你上一次讲过的版本，并逐渐区别于原本的故事模样。记忆是重构的，每一次都会先激活它，后改变它。

下面是个关于记忆重构的具体例子，其首次示证大约是在 100 年前（Bartlett, 1995）。

我们不是跟随客观明确的记忆路线而精确地从记忆中提取信息的。

每一次对某段记忆的提取都是对记忆的重构，即先激活，后改变。

在这一示证中，某人先被展示了一幅模棱两可的画（上图的左上角）。于是，让这个人根据记忆重新绘出那幅画。由于我们总是倾向于对事物进行归类，而非直接处理未知的对象（Smith & Medin, 1981），所以某人"复原"的那副模棱两可的画看起来就像一只猫头鹰。而后，这个人重绘的画又被展示给下一个人，让下一个人再次根据记忆重绘，循环往复。最后你会看到，这幅画竟然逐渐从一只猫头鹰变化成了一只猫！这说明每个人在重绘记忆中的画时，都在改变自己的记忆，最终使得画中的动物发生了变化。

记忆不是客观的

记忆是重构的事实意味着记忆的非客观性。可见，记忆要比想象得更粗略、更不精确。而且，我们还会有"错误"的记忆——关于那些从未发生过的，或与我们当时所记截然不同的记忆（Loftus & Pickrell, 1995）。另外，因为我们是通过个人"滤镜"来看待这个世界的——我们的世界视角——所以，我们会倾向于以契合自己的"图式"的方式来记忆事物，或者说，是提前为这个世界做好分类，预先

记忆是重构的事实意味着记忆的非客观性。

决定好客体对象与人的行为方式 (Tversky & Marsh, 2000)。

我们可能会有"错误"记忆的观点在 20 世纪 70 年代的时候就得到了研究论证，随后揭开了一场长达数十年的激烈辩论。这一领域的领军人物伊丽莎白·洛夫斯特 (Elizabeth Loftus) 博士曾指出，目击者证词会在无意间被事后遇到的信息所影响（"误导性事后信息"）。假设你是某个犯罪现场的目击证人，当时天很黑，你认为自己看见了一个戴着面罩的高个男人，他的手里还拿着某样东西。在这一事件之后，你被警察反复地召唤问话，除此之外，你也和事件发生时站在你旁边的朋友不断地讨论这场经历。

'记忆'的工作原理有点像维基百科的页面：你可以访问并改写，但同时其他人也能这样做（2013,TED Global）。

伊丽莎白·洛夫斯特 (Elizabeth Loftus)

伊丽莎白的论述颠覆了我们过去对目击者证词的理解。她通过大量的实验论证了一个事实：在你与警察、朋友进行过大量对话后，你对犯罪现场的记忆会是下列信息的混合产物：（1）你当时真正看到的；（2）你告诉他人你看到的；（3）他人告诉你的关于他们所见的，或是他人认为你应该看到的。

所以，假如你被警察反复询问关于武器的相关细节，那你在无意间就会开始想象嫌疑者真的手持了这样的武器，即使在你的原本记忆中并没有包含武器。想象中的细节构成了你对该事件的新记忆的一部分。

在教育背景中，相似的记忆重构效应也时有发生。我们通常会记住信息本身及其来源，但根据源监测框架理论 (Johnson, Hashtroudi, & Lindsay, 1993)，

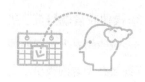

想象中的细节会构成你记忆的一部分。

我们可能会误将记忆归入错误的来源。例如，如果你的朋友告诉了你某件事，之后你可能就会觉得是从老师或其他可信的来源处知道这件事的。

我（梅根）对于小时候手烧伤的这件事就有着错误或者也可称为歪曲的记忆。这件事的确发生过，但具体情况我却记得不是很清楚：印象中，我在家里画过这幅画，而且我和父母直到我四岁的时候才从这个家搬出，但我现在居然一点儿也想不起这个家是什么样的了。

另外，梦中的细节也会融入到我们的现实生活记忆中（Johnson, Kahan, & Raye, 1984）。我（雅娜）11 岁的时候，曾梦到某天我的室内音乐课程被取消了，由于我当时没有搞清楚这个梦到底是不是真的，所以那天我就没带乐器去学校。不知道我的老师相不相信我那时候的说辞。

总的来说，记忆在重构中提取信息的过程是有可能发生错误的。正确理解这一事实十分重要，因为我们在本书的第三部分中讨论的许多学习策略均基于该原理。值得一提的是，正确提取信息可强化记忆（详见第十章）。

记忆由许多不同的过程构成

多种过程构成了大脑中的丰富经历，也就是我们所说的记忆。

记忆是重构的、主观的，同时，它也不是一个单一的过程。相反，多种过程构成了大脑中的丰富经历，也就是我们所说的记忆。在我们的博客投稿中，詹姆斯·曼尼恩（James Mannion, 2016）讨论了目前频繁出现在记忆研究之中的各种分类和它们的区别，我们将介绍其中两个与教育极为相关的分类。

短时记忆与长时记忆

你是否曾听过他人抱怨总找不到房间里的东西？他们会一边找一边说："我的短时记忆真差劲。"其实，这里就是对"短时记忆"的术语的错误使用。当认知心理学家谈及短时记忆时，他们所说的是一段非常短暂的时间（15～30秒）。而说到为什么认知心理学家认为这短短的15～30秒如此特别，以至于要把这段时间从整体的记忆框架中单独拎出来研究，是因为即使病患们失去了所有的记忆，但他们依然能在15～30秒内记住一些事。

当认知心理学家谈及短时记忆时，他们所说的是一段非常短暂的时间（约15～30秒）。

威廉·詹姆斯在1890年写过一本书——《心理学原理》，这本书不同于其他认知心理学的书籍，它的编写完全基于作者自己的直觉，或者，更正式地说，是基于作者的内省，而非实验和数据。詹姆斯在收集任何证据以说明短时记忆与长时记忆之间的区别之前，就直接提出了记忆的分类——他将记忆分为第一记忆（现在记住的东西）与第二记忆（除第一记忆以外记得更长久的东西）。

第一个可证实在长时记忆彻底损失的情况下，依旧能拥有正常的短时记忆的病患是一个叫作H.M.的人，他在20岁时就被诊断患有癫痫。当时正处于20世纪50年代左右，所以医生对这一病症也没有其他更多的了解和治疗办法，他们只好选择拿掉H.M.的部分大脑，希望以此来防止他的癫痫发作。后来，这一手术虽然治好了H.M.的癫痫，但也为他带来了巨大的后遗症：他失去了形成新的长时记忆的能力，尽管他还是能进行陈述（即陈述性记忆）。在这场手术后，H.M.又活了40年，可在他活着的这段岁月中，他无法形成任何关于他生活的有意义的新记忆。

如果问他某天早上吃了什么，他会答不知道。而如果问他是何时开始产生记忆损失的（是的，他知道自己出了某些问题），那无论手术之后过了多少年，他也许都会回答说是一年前左右。而且，在这40年中，每一次他见到那些每周要给他来做检查的医生时，都会礼貌地重新介绍自己。

这些事实共同说明了一点：尽管H.M.的长时记忆受到了严重的损伤，但他的短时记忆却依旧与我们的短时记忆一样正常。换句话说，如果你读一串电话号码给H.M.听，他可以立刻向你或向下一个人复述一遍。这同样也可以解释为什么H.M.看起来能与周围人进行正常的对话。当然，前提是对话内容不脱离他所处的环境。

H.M.逝世于2008年，而负责研究H.M.这40年术后生活的研究者则在他逝世后专门编写了一本书。在这本书中，苏珊娜·科金（Suzanne Corkin）将记忆比作是一间旅馆，短时记忆被摆在旅馆的大厅中，而长时记忆则呈现于客房内。

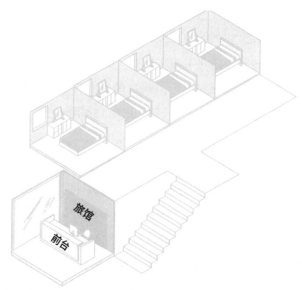

信息会通过短时记忆传递，但这一过程不会维持太久，因为短时记忆能够容纳的信息数量是有限的。

下面是一段有关科金说起 H.M. 的话:

"
信息可以在亨利(即 H.M.)的
大脑(记忆)旅馆的大厅里休
憩,但它们并不能实际登记
入住(2013)。
"

苏珊娜·科金(Suzanne Corkin)

　　为了说明 H.M. 的例子能够解释短时记忆(15 ～ 30 秒)与长时记忆之间的
区别,研究者对他进行了下述实验(Prisko, 1963)。研究者向 H.M. 相继呈现了
两个形状,H.M. 的任务是要指出这些形状是相同还是不同。两个形状呈现的
时间间隔是 15 ～ 60 秒。下图便是两个相同与不同形状的例子。

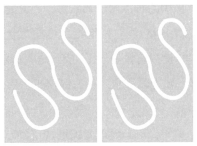

　　我们首先来说明一下控制组的参与者(那些没有记忆损失的人)在这一任
务上是如何表现的。假设这场实验有 12 组形状材料,其中 6 组的形状是相同

的，其余 6 组的形状是不同的。如果随意地去猜这些形状，那大概能蒙对一半。一个正常的成年人在相隔 60 秒呈现两个形状的实验中平均只会答错 1 组（12 组里答对了 11 组）。

那么，H.M. 的表现如何呢？他的数据如下图所示。

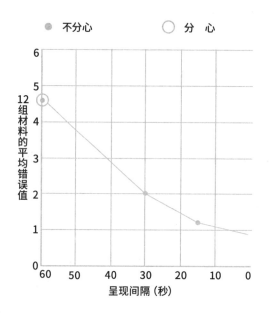

图中的圆点居于最右边，在 0 之上，说明当同时呈现两个形状时（如上例所示），H.M. 能较好地指出这些形状是相同的还是不同的。在这 12 组形状材料中，他只答错了一组。而当这些形状的呈现间隔为 15 秒时，H.M. 的表现依旧不错（如上图所示，他的错误平均值是 1 ～ 2 组，基于 5 种不同的任务版本所统计）。

但是，一旦呈现间隔增加至 30 秒，H.M. 的错误率就开始急剧上升，而到了间隔为 60 秒的时候，这一错误率就变得像是乱猜的一样。如上所述，正常的参与者在 60 秒的呈现间隔中平均只会答错 1 组，因为这并不是一个困难的任务。而 H.M. 的表现则说明他仅能在 15 ～ 30 秒之内记住第一个呈现的形状，随着记忆的消退，他无法将第一个形状与下一个进行对比，由此也不能做出关于两者形状是否相同的准确判断。

程序性记忆与陈述性记忆

当我们谈到日常生活中使用的记忆类型时，通常指的是陈述性记忆。这是一种我们可以直接使用、能够说明内容、彰显意识存在的记忆。还是延续 H.M. 的例子，H.M. 在那场手术后就再也无法做到很多事情了，如我们在本章介绍过的：学习记忆某个新名字、记忆是否吃过药、记忆某物的存放地点。

然而，"H.M. 无法形成长时记忆"的说法其实并不够准确。事实上，H.M. 依然保有部分长时记忆的能力！这一点可由 H.M. 能够学会使用助步器，可以在研究者研究他的 40 年中完成无数认知任务的事实中得到证明。而且，只要不要求他精细地说出记忆的内容，他还是能够依靠他的长时记忆的 (Corkin, 2013)。

程序性记忆会在行动中得到示证，它不要求直接陈述某段记忆的内容。有关这一记忆类型的例子包括那些你在不思考如何做的情况下就能直接做到的一些事，比如走路；以及那些你在不解释如何完成的情况下就能直接做到的一些事，比如在无法说明方向的情况下能直接找到从某一地点回家的路线。H.M. 在经历手术后依旧保有了这一记忆类型。

下述任务清晰地论述了程序性记忆与陈述性记忆之间的区别。在第一个任务版本中，研究者向 H.M. 呈现了一张单词表，上面列有 CLAY、CALCIUM、ROUGH 等词汇。接着（至少 30 秒之后，此时短时记忆已被清空，注意——H.M. 拥有完整的短时记忆能力），研究者又向 H.M. 呈现了一组"词根"。这些词根是之前单词表中的单词的前三个字母，比如 "CLA-" "CAL-" "ROU-" 等。H.M. 的任务是要根据他之前的所见补足词根。

值得说明的是，上述的这些操作说明常用于实验的研究阶段。事实上，H.M. 在这一任务上的表现很糟糕，因为这一任务涉及要求 H.M. 陈述自己的记忆内容。

而在该任务的程序性版本中，除了操作说明，其他实验设置均维持原样。相较于前一次研究者让 H.M. 根据见过的单词补足词根，在这一任务版本中，研究者让 H.M. 随意补足单词。于是，出乎意料地，H.M. 的表现如同一个正常的控制组参与者：他更倾向于使用他之前学过的，而非其他一些没学过但也可用于填充的单词来补足词根，尽管他本人并没有意识到他正在使用记忆来完成这项任务。

走向长时记忆

为了让记忆在以后变得可回溯，短时记忆中的信息需要向长时记忆迈进（在科金的类比中，就是登记入住）。信息能否从短时记忆走向长时记忆取决于很多因素，虽然有的因素至今尚处于商榷之中，但某个极为重要的因素已经得到了论证，即信息是否以一种深度的或有意义的方式进行了编码（Craik & Lockhart, 1972）。只有信息经过编码才是有意义的，关联与理解的过程才能实现。在第九章，我们会解释为什么建构联系和实现理解对学习而言会那么重要。

长时记忆有四个阶段模型：编码、巩固、储存及提取（Nader & Hardt, 2009）。如果某一记忆未经编码，那它就不会出现在模型的第一阶段中，因而也就没有信息可被提取（比方说，在你的面前放上一张右侧列有一连串数字的纸，而你却始终闭眼不看）。

记忆需要编码，但这并不意味着记忆在之后就能被回忆起。记忆需要整理巩固，而且记忆的巩固不是一个一次性事件，当记忆被提取时，它就发生了重构、激活及二次巩固（Sara, 2000）。

正如我们在第二章所讨论的，本书主要聚焦于认知层面上的理解学习——也就是说，学习在大脑中是如何发生的，而非旨在说明学习发生时大脑中的生物过程。然而，我（雅娜）最近和埃弗拉特·福斯特（Efrat Furst）——从认知神经系统科学家转型为教育研究者——喝了一次下午茶，和她聊了很多有趣的内容。

在福斯特的观点中，有一些关于记忆是如何工作的基础知识——不仅是认知层面上的，还包括神经系统科学方面的——是所有学习者和教师都应该学习理解的。当下的研究正使我们不断地向建构领域间的联系而迈进（Hardt, Einarsson, & Nader, 2010）。意识到这一点很重要。但就目前而言，这两个领域还没有完全地整合到一起（Coltheart, 2006）。

大脑中的记忆是如何呈现的？

从神经系统科学的角度来说，记忆是个体曾经历过的一切。它呈现于大脑的神经元网络中：简单的或复杂的、有意识的或无意识的事实、事件、程序等。然而，在教育背景中，记忆的内涵时常会被延伸至"记忆"（本身）之外，换言之，记忆会被视为具有某种更复杂的形式的知识。但对脑科学家来说，其实并没有其他形式的知识，因为所有学过的内容都会成为记忆。所以，真正值得关注的重要问题是："记忆是如何呈现的？""记忆如何影响未来行为？"独特且容量庞大的长时记忆储存使我们每个人都得以成为了不同的个体。虽然对我们而言，有关记忆是如何储存在大脑中的知识是很普通的，但对其他人，尤其是教育工作者而言，这些知识却依旧珍贵。

下述呈现了我们目前理解的神经系统科学的基础原理，可帮助我们更好地思考与理解学习和记忆。

大脑中的记忆是如何呈现的？

大脑由神经细胞或彼此联系的神经元所构成：如果两个神经元之间存在共同的强力联结（突触），那其中一个活跃的神经元就可以激活另一个神经元。记忆由以突触作为联系节点的神经元组所呈现。当某一组中的活跃神经元开始同步活动时，我们就能够回忆起某个概念或某段情节，又或是执行某段程序。神经学家将活跃神经元的这种模式称为"记忆痕迹"。记忆痕迹可以经由突触与另一个痕迹联结起来从而创造联系。某段具体的记忆会由众多记忆痕迹构成，有时这些痕迹分别处于不同的结构位置上，因而神经通路可以用来联结痕迹。记忆痕迹、联系以及通路都是由神经元和联系神经元之间的突触所组成。一个高度简化的神经元网络可以呈现这些概念之间的复杂关系(Tonegawa, Liu, Ramirez, & Redondo, 2015)。

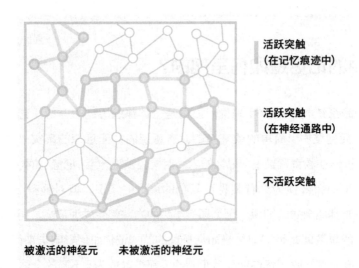

活跃突触
（在记忆痕迹中）

活跃突触
（在神经通路中）

不活跃突触

被激活的神经元　　未被激活的神经元

我们学习的时候会发生什么?

当我们学习某些新内容时,作为回应,特定的神经元组在我们的大脑中会被激活以迎接新信息,创造新模式。在这些模式中,部分是全新的,另外一部分则呈现的是我们已知的。所以,关键的问题是:这些"首次激活"的模式可否于未来复现?我们都知道,记忆(新内容)需要再激活一个高度相似的、曾在学习中活跃过的模式(但再激活时没有原来的刺激为引;Tonegawa et al., 2015)。那么,再激活取决于哪些因素呢?

新获取的信息是如何转换为记忆痕迹并储存在大脑中的?

在特定的条件下,刚刚活跃过的神经网络(在学习中)需要一定的巩固:强化活跃神经元之间的联系,创造新的记忆痕迹。为了使新创造的记忆痕迹长时维持,这一过程会消耗能量、时间以及其他生物资源(Dudai, 2004)。休息与睡眠对巩固的过程极为重要(Dudai, Karni, & Born, 2015)。而巩固不仅对记忆痕迹的创造十分重要,它也用于铺设通向记忆痕迹的神经通路,从而建立起记忆痕迹之间的联系。另外,建构关于已有知识的网络结构(或图式)也有助于更快、更好地巩固新记忆(Tse et al., 2007; Gilboa & Marlatte, 2017)。

当我们使用记忆痕迹的时候它会发生什么?

通过巩固,记忆就正式成为了"长时记忆"。我们可以在接下来的很长一段时间中反复地使用这些内容。然而,一些神经系统科学的研究结论以一种有趣且重要的方式对此提出了质疑(Nader & Hardt, 2009)。研究者发现,巩固不是一个一次性事件,相反,在提取被激活的记忆痕迹之后,记忆痕迹就会具有可塑性,能够通过再巩固以进行一定的内容修正。这一理解具有重要意义:在每一次提取之后,被激活的记忆痕迹以及被激活的联系和神经通路就有可能经历再巩固。这意味着我们每一次使用记忆都是在重构记忆网络。

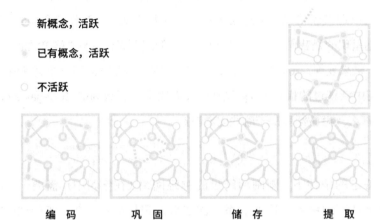

新概念，活跃

已有概念，活跃

不活跃

| 编 码 | 巩 固 | 储 存 | 提 取 |

提取的神经系统科学

如上图所示，我们可以将所有情况放到一起考虑（延展这些科学结论，从而创建完整的图示说明）：建构和重构的过程皆取决于神经元的同时活动，即神经元维持着"同甘共苦"的状态（Hebb, 1949; Tse et al., 2007）。当我们学习某个新概念时，这一新概念能否被我们记住，取决于我们建构的记忆痕迹，并将这一新痕迹与已有痕迹建立联系的过程。换句话说，它依赖于我们在学习中提取已有记忆痕迹并为之创造联系的能力。

认知科学与神经系统科学

这些原理基于认知科学的研究成果，是我们理解那些被论证对学习有效的策略的重要基础。换言之，神经系统科学的研究证据使我们可以更具体、更深入地思考学习策略背后的工作机制，如理解间隔练习的益处（第八章），在新旧知识之间创造有意义的联系（第九章），以及提取已有知识（第十章）。这些策略使新信息能被整合到已有知识中并得到加强巩固。可见，重构的过程就是获取有效的学习经验的关键。

遗 忘

可以说，记忆最重要的一个特征其实是与记忆相反的一个概念：遗忘。虽然对这一基础概念的研究已经超过了100年［最早由艾宾浩斯（Ebbinghaus）于1913年提出，我们会在第八章中展开介绍］，但时至今日，研究者还无法对其定义达成确切的一致意见。

遗忘的一种极端形式是所有记忆痕迹的完全磨灭。但目前没有证据能够证明这种过于纯粹的遗忘类型的存在（Davis, 2008）。事实上，我们倾向于认为遗忘是一种对于记住你曾经知道的东西的无能为力（Tulving, 1974）。

你是否曾学过某些东西——例如，学过某些外语词汇——达到了一定的熟练度，结果却发现根本没记住这些你认为已经掌握的词汇？你的已有知识发生了什么变故？你可能会说你"忘了"。但是，遗忘的真正含义到底是什么？

你经历的这个现象其实是一种对提取已学信息的无能为力——换言之，是提取失败。不过，我们可以通过给予提示或提取线索来克服这种失败。图尔文（Tulving）与帕尔斯通（Pearlstone, 1966）曾论证了这种提供线索的有效性。他们让参与者尝试记住列表中的48个词汇，每个词汇类别包含2个词汇，共形成24组词汇类别。比如在"服装类型"里包含衬衫（blouse）和毛衣（sweater），在"鸟类"里选用冠蓝鸦（blue jay）和长尾鹦鹉（parakeet）。在测试中，参与者被要求尽可能多地写下他们能记住的词汇，而研究者则在这一过程中向他们提供词汇类别的名称作为线索或提示（如"服装类型"）。结果表明，通过提供这些利于信息提取的线索可增加40%～75%的词汇记忆产出。这说明大多数容易被"遗忘"的词汇实际可通过提供额外的线索来帮助回忆。

值得一提的是，遗忘在信息编码后会立刻发生，且刚开始遗忘的速度非常快。

只要你进行了编码，就会立刻开始遗忘。

下面的曲线图就是著名的"遗忘曲线"。它说明了人们在学习后的各个时间段内的信息留存量（从专业的角度来说，由于展现的是信息减少的数量，因而它更像是信息的留存曲线; Roediger, Weinstein, & Agarwal, 2010）。这里呈现的是两种不同时间框架的"遗忘曲线"。如图所示，无论我们使用的是哪种时间计量框架，遗忘的工作机制看上去都差不多。

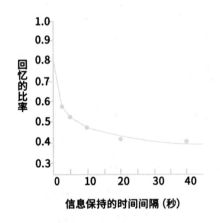

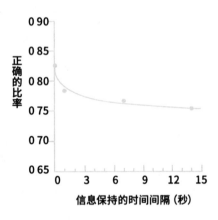

图中分别呈现了在时间间隔为40秒（词汇回忆）和两周（面部识别）的时间框架下的信息留存比率。数据来源于威克斯特（Wixted）与埃布森（Ebbesen，1991）的实验1与实验2。

本书的其他章节会探讨减少遗忘的一些举措。在第八章中，我们会介绍有利于中断遗忘曲线、尽可能减少快速遗忘的间隔学习策略。在第九章中，我们会讨论有关加深理解、促进学习的相关问题。而到了第十章，我们会探讨从记忆中提取出来的信息是如何刺激、再巩固、强化学习的相关事宜。

本章小结

在早期，尤其是在认知心理学家研究记忆的相关过程之前，记忆通常会被类比为"图书馆"。这一观点认为记忆和被写在书里的文字一样，它们"安静"地储存在大脑中的指定位置。如果我们想要提取某段记忆，那就需要走到相关的走廊中，选择合适的书籍。如果我们无法提取到某段记忆，那就意味着书籍中的文字已随着时光的流逝而褪色。又或者，如果我们无法在某个指定位置找到特定的记忆，那就说明这段记忆可能像错放的书一样找不到了。但是，这一类比真的正确吗？在本章中，我们讨论了人类记忆的真实工作过程，并解释了为什么这些原理需要教师的学习与理解。

参考文献

Bahrick, H. P., Bahrick, P. O., & Wittlinger, R. P. (1975). Fifty years of memory for names and faces: A cross-sectional approach. *Journal of Experimental Psychology: General*, 104, 54–75.

Bartlett, F. C. [1995(1932)]. *Remembering: A study in experimental and social psychology*. Cambridge: Cambridge University Press.

Botzung, A., Denkova, E., & Manning, L. (2008). Experiencing past and futurepersonal events: Functional neuroimaging evidence on the neural bases ofmental time travel. *Brain and Cognition*, 66, 202–212.

Brandimonte, M., Einstein, G. O., & McDaniel, M. A. (Eds.) (1996). *Prospective memory: Theory and applications*, Mahwah, NJ: Erlbaum.

Coltheart, M. (2006). What has functional neuroimaging told us about themind (so far) ? *Cortex*,

42, 323–331.

Corkin, S. (2013). *Permanent present tense: The unforgettable life of theamnesic patient*, H. M. New York: Basic Books.

Craik, F. I., & Lockhart, R. S. (1972). Levels of processing: A framework formemory research. *Journal of Verbal Learning and Verbal Behavior*, 11, 671–684.

da Costa Pinto, A. A. N., & Baddeley, A. D. (1991). Where did you park your car? Analysis of a naturalistic long-term recency effect. *European Journal of Cognitive Psychology*, 3, 297–313.

Daneman, M., & Merikle, P. M. (1996). Working memory and language comprehension: A meta-analysis. *Psychonomic Bulletin & Review*, 3, 422–433.

Davis, M. (2008). Forgetting: Once again, it's all about representations. *Science of Memory: Concepts*, 317–320.

Dudai, Y. (2004). The neurobiology of consolidations, or, how stable is theengram? *Annu. Rev. Psychol.*, 55, 51–86.

Dudai, Y., Karni, A., & Born, J. (2015). The consolidation and transformation of memory. *Neuron*, 88, 20–32.

Ebbinghaus, H. (1913). *Memory: A contribution to experimental psychology* (No.3). University Microfilms.

Gabrieli, J. D., Milberg, W., Keane, M. M., & Corkin, S. (1990). Intact priming of patterns despite impaired memory. *Neuropsychologia*, 28, 417–427.

Gilboa, A., & Marlatte, H. (2017). Neurobiology of schemas and schema- mediated memory. *Trends in Cognitive Sciences*, 21, 618–631.

Hardt, O., Einarsson, E. Ö., & Nader, K. (2010). A bridge over troubled water: Reconsolidation as a link between cognitive and neuroscientific memory research traditions. *Annual Review of Psychology*, 61, 141–167.

Hebb, D. O. (1949). *The organization of behavior*. New York: Wiley.

Henkel, L. A. (2014). Point-and-shoot memories: The influence of taking photos on memory for a museum tour. *Psychological Science*, 25, 396–402.

Insel, K., Morrow, D., Brewer, B., & Figueredo, A. (2006). Executive function, working memory, and medication adherence among older adults. *The Journals of Gerontology Series B: Psychological Sciences and Social Sciences*, 61, 102–107.

James, W. (1890). *The principles of psychology* (Vol.1). New York: Holt.

Johnson, M. K., Hashtroudi, S., & Lindsay, D. S. (1993). Source monitoring. *Psychological Bulletin*, 114, 3–28.

Johnson, M. K., Kahan, T. L., & Raye, C. L. (1984). Dreams and reality monitoring. *Journal of Experimental Psychology: General*, 113, 329–344.

Leahy, W., & Sweller, J. (2011). Cognitive load theory, modality of presentation and the transient information effect. *Applied Cognitive Psychology*, 25, 943–951.

Loftus, E. F., & Pickrell, J. E. (1995). The formation of false memories. *Psychiatric Annals*, 25, 720–725.

Loh, K. K., & Kanai, R. (2016). How has the Internet reshaped human cognition? *The Neuroscientist*, 22, 506–520.

Mannion, J. (2016, December). GUEST POST: Learning is multidimensional-embrace the complexity! The Learning Scientists.

Nader, K., & Hardt, O. (2009). A single standard for memory: The case for reconsolidation. *Nature Reviews Neuroscience*, 10, 224–234.

Prisko, L. H. (1963). *Short-term memory in focal cerebral damage*, PhD Thesis, McGill University, Quebec. Canada.

Risko, E. F., & Gilbert, S. J. (2016). Cognitive offloading. *Trends in Cognitive Sciences*, 20, 676–688.

Roediger, H. L. (1980). Memory metaphors in cognitive psychology. *Memory & Cognition*, 8, 231–246.

Roediger, H. L., Weinstein, Y., & Agarwal, P. K. (2010). Forgetting: Preliminary considerations. In S. Della Sala, (Ed.), *Forgetting*, 1–34. Brighton, U. K. : Psychology Press.

Sara, S. J. (2000). Retrieval and reconsolidation: Toward a neurobiology of remembering. *Learning & Memory*, 7, 73–84.

Schacter, D. L. (2015). Memory: An adaptive constructive process. In D. Nikulin (Ed.), *Memory in recollection of itself*. New York: Oxford University Press.

Smith, E. E., & Medin, D. L. (1981). *Categories and concepts*. Cambridge, MA: Harvard University Press.

Sparrow, B., Liu, J., & Wegner, D. M. (2011). Google effects on memory: Cognitive consequences of having information at our fingertips. *Science*, 333(6043), 776–778.

Squire, L. R. (1987). *Memory and brain*. New York: Oxford University Press.

Szpunar, K. K., Watson, J. M., & McDermott, K. B. (2007). Neural substrates of envisioning the future. *Proceedings of the National Academy of Sciences*, 104, 642–647.

TED. (2013, June 11). Elizabeth Loftus: The fiction of memory [Video file].

Tonegawa, S., Liu, X., Ramirez, S., & Redondo, R. (2015). Memory engram cells have come of age. *Neuron*, 87, 918–931.

Tse, D., Langston, R. F., Kakeyama, M., Bethus, I., Spooner, P. A., Wood, E. R., ... & Morris, R. G. (2007). Schemas and memory consolidation. *Science*, 316(5821), 76–82.

Tulving, E. (1974). Cue-dependent forgetting: When we forget something we once knew, it does not necessarily mean that the memory trace has been lost; it may only be inaccessible. *American Scientist*, 62, 74–82.

Tulving, E., & Pearlstone, Z. (1966). Availability versus accessibility of information in memory for words. *Journal of Verbal Learning and Verbal Behavior*, 5, 381–391.

Tversky, B., & Marsh, E. J. (2000). Biased retellings of events yield biased memories. *Cognitive Psychology*, 40, 1–38.

Wixted, J. T., & Ebbesen, E. B. (1991). On the form of forgetting. *Psychological Science*, 2, 409–415.

第三部分
有效学习的
策略

引论　有效学习的策略

研究者在将认知领域中的知识应用于教育这方面已取得了不少重要的进展。

然而，鲜有教师在培训时能学到认知心理学中的有效学习策略。

我们在这里讨论的每一条策略均有认知心理学长达数十年的研究支持。

间隔练习。

提取练习。

交错学习。

精细加工。

具体例子。

双重编码。

研究者们在将认知领域中的知识应用于教育的这方面上已取得了不少重要的进展（Dunlosky, Rawson, Marsh, Nathan, & Willingham, 2013; Weinstein, Madan, & Sumeracki, 2018）。

基于这些努力，我们才能够向学生提出一些有利于学习效率最大化的建议（Pashler et al., 2007）。特别地，我们发现了六种认知研究中已被证明为有效的学习策略，并鼓励将它们应用到教育领域中。

然而，美国最近的一项研究报告（Pomerance, Greenberg, & Walsh, 2016）以及欧洲仍在进行的一项跟踪调查（Surma, Vanhoyweghen, Camp, & Kirschner，预备发表中）显示，很少有教师培训的教科书与课程涉及了这些内容，且目前关于学习技能的课程大多缺乏对这些重要的学习策略的介绍（详见第一章）。

由此，学生也就失去了（从教师那里）掌握有效的学习策略以提升学习效率的机会。在接下来的几章中，我们会专门介绍这些策略，为读者提供更多关于如何使用的建议。

我们将这六种策略写成三个章节，以此探讨学生开展学习的相关问题：规划何时学习（第八章），发展理解能力（第九章），强化学习（第十章）。

我们在这里介绍的每一种策略都得到了认知心理学长达数十年的研究支持（Dunlosky et al., 2013; Pashler et al., 2007; Weinstein et al., 2018），且其中的两种策略尤为如此——间隔与提取练习。

间隔练习指的是将学习分布于不同的时段中（Benjamin & Tullis, 2010），而不是在考前集中进行填鸭式学习，虽然后述的学习行为显然在学生中间更为常见（Weinstein, Lawrence, Tran, & Frye, 2013）。

学习策略	描　述	应用举例（选取心理学入门中有关儿童发展的相关内容）
间隔练习（第八章）	创建一份学习规划，使学习活动能分时进行。	学生可以集中某段时间专门学习一些核心概念，如依恋风格以及发展里程碑等，将学习分布在考前的一段时间内，而不是在测试来临之际才"抱佛脚"。
交错学习（第八章）	切换于不同的学习主题中。	在学习情感发展之后，学生可以切换学习认知发展，随后再切换至社交发展；在下一次学习的时候，学生可以再换个顺序来学习这三个主题，并注意在这些主题间创造新的联系。
精细加工（第九章）	询问并解释关于为什么和如何的问题。	学生可以解释为什么以及记忆会如何随着年龄的递增而改变：为什么我们不记得 5 岁以前发生过的很多事情？我们的记忆能力是如何随着年龄的递增而发生改变的？
具体例子（第九章）	在学习抽象的概念时，用具体的例子来辅助解释。	学生可用下述例子来解释童年期遗忘：两兄妹一起去迪士尼乐园，其中一个 9 岁，另一个 4 岁。10 年后，19 岁的那个孩子依旧记得当年的游玩，而 14 岁的孩子已完全不记得这回事了。
双重编码（第九章）	对言语和视觉信息进行双加工。	学生可以尝试描绘出依恋风格的不同发展阶段，以安全型依恋风格为例：（1）母亲在场时，主动玩玩具；（2）母亲离开时，感到心烦但不伤心；（3）母亲返回时，开心地寻求拥抱。
提取练习（第十章）	从长时记忆中将已学信息提取至思维。	在学习依恋风格时，学生可以根据记忆中的描述，尝试写出每种依恋风格对应的儿童行为。

间　隔

②

① ③

测　试　　绘　写

间隔练习。

提取练习要求从记忆中将信息提取至思维。这一策略比普通的反复阅读课程材料的做法更能有效地促进长期学习（Roediger & Karpicke, 2006）。虽然学生有时会进行自测，但他们通常是为了检查知识而非促成学习（Karpicke, Butler, & Roediger, 2009）。

提取练习。

由于间隔练习和提取练习的学习策略在认知研究中得到的论证最多，因此我们安排了独立的章节来对它们作详细的说明（第八章的"规划学习"与第十章的"强化学习"）。

剩余的四种策略——交错学习、精细加工、具体例子以及双重编码——主要用于支持间隔练习和提取练习的使用。

交错学习是指在不同类型的问题或观点之间进行切换（如数学和物理），防止过长时间地学习一种观点或解决一种问题类型。这要求学习者能更好地区

交错学习。

分不同的观点与程序(Taylor & Rohrer,2010)。我们会在介绍规划学习的章节(第八章)中说明这一策略。

精细加工——尤其指的是精细的询问——要求学生能够提出(并尝试解答)"如何"以及"为什么"的问题(Pressley, McDaniel, Turnure, Wood, & Ahmad, 1987)。

精细加工。

具体例子可帮助学生掌握抽象的概念(Paivio, 1971)。

我的文件夹

具体例子。

最后,双重编码要求对词汇(言语信息)和视觉信息进行双加工,给予学生两种提取信息的通路(Paivio, 2007)。

精细加工、具体例子以及双重编码的策略都有助于学生发展理解能力，因此我们将在第九章对它们进行阐述。无论你是一名教师、学生还是为人父母，又或者仅是单纯地对学习感兴趣，我们都希望你能找到合适的学习策略。

参考文献

Benjamin, A. S., & Tullis, J. (2010). What makes distributed practice effective? *Cognitive Psychology*, 61, 228–247.

Dunlosky, J., Rawson, K. A., Marsh, E. J., Nathan, M. J., & Willingham, D. T. (2013). Improving students' learning with effective learning techniques: Promising directions from cognitive and educational psychology. *Psychological Science in the Public Interest*, 14, 4–58.

Karpicke, J. D., Butler, A. C., & Roediger, H. L. (2009). Metacognitive strategies in student learning: Do students practise retrieval when they study on their own? *Memory*, 17, 471–479.

Paivio, A. (1971). *Imagery and verbal processes*. New York: Holt, Rinehart and Winston.

Paivio, A. (2007). *Mind and its evolution: A dual coding theoretical approach*. Mahwah, NJ: Erlbaum.

Pashler, H., Bain, P. M., Bottge, B. A., Graesser, A., Koedinger, K., McDaniel, M., & Metcalfe, J., (2007). *Organizing instruction and study to improve student learning: IES practice guide*. Washington DC, USA: National Center for Education Research, Institute of Education Sciences, US Department of Education.

Pomerance, L., Greenberg, J., & Walsh, K. (2016, January). Learning about learning: What every teacher needs to know.

Pressley, M., McDaniel, M. A., Turnure, J. E., Wood, E., & Ahmad, M. (1987). Generation and precision of elaboration: Effects on intentional and incidental learning. *Journal of Experimental Psychology: Learning, Memory, and Cognition*, 13, 291–300.

Roediger, H. L., & Karpicke, J. D. (2006). Test-enhanced learning: Taking memory tests improves long-term retention. *Psychological Science*, 17, 249–255.

Surma, T., Vanhoyweghen, K., Camp, K., & Kirschner (in prep). *Distributed practice and retrieval practice: The coverage of learning strategies in Flemish and Dutch teacher education textbooks.*

Taylor, K.,& Rohrer,D. (2010). The effects of interleaved practice. *Applied Cognitive Psychology*, 24, 837–848.

Weinstein, Y., Madan, C. R., & Sumeracki, M. A. (2018). Teaching the science of learning. *Cognitive Research: Principles and Implications*, 3(2), 1–17.

Weinstein, Y., Lawrence, J. S., Tran, N., & Frye, A. A. (2013, November). *How and how much do student study? Tracking study habits with the diary method*. Poster presented at the annual meeting of the Psychonomic Society, Toronto, Canada.

第八章
规划学习：间隔练习与交错学习

间隔练习的相关研究可追溯至 19 世纪晚期艾宾浩斯做的一项音节记忆测试。

让学生使用间隔练习的策略会很困难，因为我们很难让学生坚持学习计划。

间隔练习的效果取决于学习时期和期末测试之间的间隔。

间隔练习在很多不同的学科与学习情境中都得到了充分的调查研究。

交错学习是另一种有助于规划何时学习及学习内容的有效策略。

最近，交错学习的研究热点集中于数学学习上。

关于交错学习有效性背后的认知过程仍处于争议中。

一旦离开实验室研究，就很难从间隔练习的益处中分离出属于交错学习的部分。

间隔练习对学习的积极影响是认知心理学对教育领域的一项重要贡献。

学生们总会在考前"临时抱佛脚"。这种策略从某种意义上来说颇有实效，因为它能使学生快速地记忆测试需要的信息——尽管不能维持很久。间隔练习与交错学习比填鸭式学习更难、更少依赖直觉，但能促成更好的长期学习结果。

间隔练习

间隔练习的核心概念非常简单。想想学生是怎样为测试做准备的。很多学生都会在考前进行高强度的"填鸭式学习"——在考前的晚上通宵复习，或是在考前的一到两天内反复看笔记，尝试把这些内容全部"塞进"记忆里，以免测试的时候大脑一片空白。间隔练习与这种学习方式完全相反。不同于在考前反复地进行阅读，间隔练习支持在测试的数周前就开始有针对地复习与练习。

间隔练习的相关研究可以追溯至 19 世纪晚期。当时，有位叫作赫尔曼·艾宾浩斯（Hermann Ebbinghaus）的德国研究者检测了自己在学习和记忆如 TPR、RYI、NIQ 等无意义音节方面的能力。

他是这样测试的：首先，阅读一组无意义的音节，并尝试完整地背诵。当然，他不是每次都能背对。于是，为了检测自己到底要花多长时间才能学会这组音节，艾宾浩斯统计了自己在完全背对之前所花的次数。之后，他制订了一份训练计划表，分

间隔练习的相关研究可追溯至19世纪晚期艾宾浩斯做的一项音节记忆测试。

出了几个不同的间隔重新进行测试，统计了在每次间隔后用于重学信息所花的时间，以此比较每次学习的区别。这项基于不同的学习间隔的实验持续了数年，最终，艾宾浩斯得出了下述结论：

在一段时间内合理地分出不同间隔进行训练的效果要优于在某个单一的时间段内大量集中训练（1885/1964）。

赫尔曼·艾宾浩斯（Hermann Ebbinghaus）

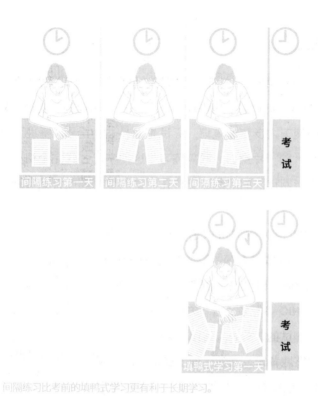

间隔练习比考前的填鸭式学习更有利于长期学习。

　　此后，相关领域就开始对这一案例中论证的间隔练习的效应进行了不同情境的实验研究。这些实验既包含了不同的实验室与教室环境，也涵盖了众多不同年龄的学生 (Carpenter, Cepeda, Rohrer, Kang, & Pashler, 2012; Kang, 2016)。

间隔练习的效果取决于学习时期和期末测试之间的间隔。

　　不过，值得注意的是，间隔练习的效果取决于学习时期和期末测试之间的间隔。如果期末测试径直发生在学习之后，那学生一定会选择快速地反复阅读，想尽可能多地将信息填进记忆里。在这种情况下，他们能记住的只有测试会涉及的部分信息，而随着测试的结束，正如一句话所述，"来得快，去得也快"，学生很快就会忘记这些信息。但如果是间隔练习，则与之相反，信息的留存能维持更久。而且，这种学习方式的益处通常显现于一些短间隔中，比如，间隔一到两天安排一次学习——而非在考前集中学习。

在某个实验室研究中，罗森（Rawson）与金茨（Kintsch, 2005）曾让学生阅读一些长篇的科学文章。他们对学生进行了分组，第一组学生读一遍文章，第二组学生连读两遍，第三组学生则要求在读完第一遍后，间隔一个星期后再读一遍。接着，研究者对半数学生进行了即时检测，并要求另外半数学生在两天后再来参与测试。测试的内容是让学生根据自己读的长篇文章中的某一部分，写出所有能够记住的信息（详见下页图）。

测试结果具有显著差异，它区分了学生参与即时测试和参与两天后测试的不同结果。

凯瑟琳·罗森（Katherine Rawson）

在即时测试中，集中练习（即连读两遍文章）看起来似乎是最有效的学习策略——它的效果要显著优于单次练习和延迟一周的间隔练习，且间隔练习在这种情况下和单次练习的效果差不多。不过，当测试时间改为两天后，情况就出现了反转：延迟一周的间隔练习要显著优于单次练习和连读两遍的集中练习。而且，在延迟测试中，连读两遍的效果并不比单次练习的效果更好。所以说，如果学生在考前的几天中选择反复阅读作为自己的学习策略，那真的是在浪费时间。

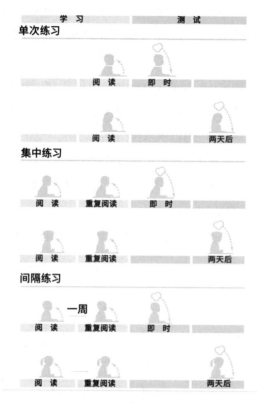

罗森与金茨实验中的六种学习情境

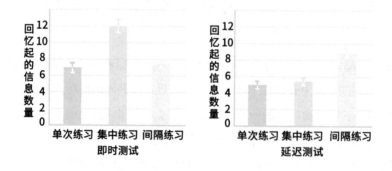

上图显示了在即时测试和延迟测试中集中练习与间隔练习所产生的
不同结果。数据来自于 Rawson & Kintsch，2005。

值得注意的是，如果学生在第一次阅读时没有完全专注于眼前的学习材料（详见第六章有关"注意"的探讨），那他们在第二次阅读时就可能会读到一些新的东西。换言之，不是所有的初次阅读都会得到同样的收获。不过，尽管注意程度可能会带来一些影响，但不同学习策略的效果并没有发生改变。就促进长期学习而言，合理分布阅读机会的间隔练习的效果要比反复阅读的效果更好。

间隔练习在很多不同的学科与学习情境中都得到了充分的调查研究，包括简单的词汇学习（Bahrick, Bahrick, Bahrick, & Bahrick, 1993）、事实学习（DeRemer & D'Agostino, 1974）、文本学习（Rawson & Kintsch, 2005）、问题解决（Cook, 1934）、动作技能（Baddeley & Longman,1978）和乐器学习（Simmons, 2012）。

间隔练习之所以会有效，部分原因可能是因为它能够强化研究者所谓的"储存强度"，这是一种对深度学习的测量，而非提高我们当前输出信息的能力（也就是"提取强度"; Bjork & Bjork, 1992）。

间隔练习在很多不同的学科与学习情境中都得到了充分的调查研究。

储存强度能标记学习，一旦开始积累，就永远不会清零（Bjork, 2013）。

鲍勃·比约克（Bob Bjork）

如果我们在复习信息前只遗忘了其中的少部分，那在重新接触信息时，我们对遗忘信息的储存强度就会有所提升。更多提取与储存强度的相关内容，请阅读维罗妮卡·杨（Veronica Yan）的博客文章（Yan, 2016）。

间隔，也被称为分布式学习（与填鸭式或集中式学习相反），它是一种降低提取强度而提升储存强度的学习方式（2016）。

维罗妮卡·杨（Veronica Yan）

交错学习：另一种规划学习的工具

ACB | CBA | BCA

交错学习是另一种有助于规划何时学习及学习内容的有效策略。

另一种有助于规划何时学习及学习内容的有效策略就是所谓的"交错学习"。对学生而言，这种学习策略要求先厘清自己的学习内容，然后对这些内容进行组合。进一步地说，改变内容的呈现顺序，切换学习的不同内容。不同于在某一时间段内专门学习那些极为相似的信息，交错学习使学生能够学到那些相关但不怎么相似的内容，且不同的组合顺序可帮助学生分辨不同的概念与观点。

那么，这种学习策略到底有多大效用呢？交错学习的研究在很多领域皆有涉及，因为它比其他学习策略更接近于我们的日常学习，如动作学习、乐器练习以及数学学习。其中，动作学习的相关研究是让参与者学习使用不同的击键模式，它的训练方式有两种：一是反复练习同一种模式（组块练习），二是在不同的模式间进行切换（交错练习）。

一般来说，交错学习的内容精确度较低，学习速度较慢。但与组块练习对比，这种学习策略在后续测试中又会显示出较高的内容精确度与较快的学习

在某一学习时间段内进行内容的切换。不要过长时间地学习其中的一种内容。	主题 A	主题 B	主题 C
以不同的顺序再次回顾之前的学习内容，从而强化理解内容。	主题 ABC 学习时段 1	主题 CBA 学习时段 2	主题 ACB 学习时段 3
在不同的内容之间切换时，要注意建构这些内容之间的联系。			

速度 (Shea & Morgan,1979)。这一效应同样适用于实验室外的动作学习。例如，有的高尔夫教练很熟悉认知文献中提及的针对不同挥杆动作的交错练习 (Lee & Schmidt, 2014)。当然，这种模式其实可以用于任何一种动作学习。又如，研究者发现，经历交错练习的孩子在扔沙包的技能表现上要比组块练习组的孩子更出色 (Carson & Wiegand, 1979)。

而谈及交错学习在学业学习方面的应用，最近的研究集中于数学学习上。

在数学的交错学习研究中，学生需要学习多种数学技能，他们练习技能的方式有两种：组块练习，或使多种不同的技能在同一时段内都能得到学习的交错练习。这一研究在小学 (Taylor & Rohrer, 2010)、中学 (Rohrer, Dedrick, & Burgess, 2014) 和

最近，交错学习的研究焦点集中于数学学习上。

大学（Rohrer & Taylor, 2007）都进行了实践。而且，所有的研究均指向了同一结论：在学习过程中，组块任务练习的效果更佳；但在后续的测试中，交错练习的效果则更为显著。以其中某项针对四年级学生所做的研究为例，这些学生需要学习使用不同的公式来计算三维物体的不同特性，包括表面面积、侧面面积等。他们的学习方式有两种：连续练习解决同一类型的问题、切换练习使用不同的公式。

在组块练习中，学生的正确率在一天之内从100%下降到了38%；而在交错练习中，学生的正确率依旧保持稳定，仅从学习当日的81%略降到一天后的77%（Taylor & Rohrer, 2010）。

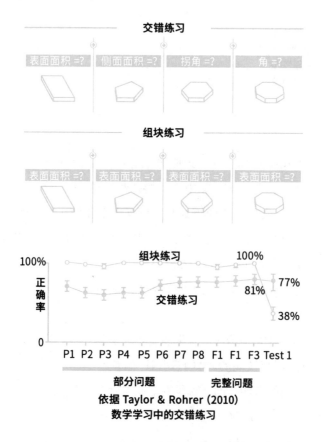

依据 Taylor & Rohrer (2010)
数学学习中的交错练习

上图显示了学生在练习中（P1—F3）以及在一天后的测试中的正确率表现。

P1—P8 展现的是研究者向学生提供公式，要求学生使用它们以解决每个问题的过程；F1—F3 呈现的是研究者不提供公式，要求学生自行回忆以解决问题的过程。测试时同样分为两组。

为什么交错学习会有效？

关于交错学习有效性背后的认知过程仍处于争议中。有的研究者认为，交错能使学习者更好地辨别不同的概念。支持这种说法的证据来自于归纳学习的相关研究，即要求学生从某一概念的系列信息中进行归纳 (Rohrer, 2012)。当信息混合了不同的概念时，使用交错学习策略的学生就能更好地抓住要点，因为这一策略使他们能够充分地比较正反两例 (Kornell & Bjork, 2008)。

关于交错学习有效性背后的认知过程仍处于争议中。

另一种可以解释交错学习的有效性的原因——尤其对问题解决而言——是它能帮助学习者选择合适的策略以解答遇到的不同类型的问题。这一点非常有用，因为，一方面，它反映了真实生活，即我们在现实生活中并不需要连续解答一系列相似的问题；另一方面，它允许学习者选错策略、错误解答，因为纠正的过程能够更好地帮助学习者理解在何种情景下应使用何种策略。

交错学习的未来

尽管在上一小节中我们已介绍了很多关于交错学习的显著结论，但还有更多未知是我们尚未涉及的。这就使我们现在很难向教师与学习者提供建议，指导他们使用这一策略。具体来说，有以下几点难以解释：第一，不清楚应该交错什么类型的学习材料。尽管我们已经知道交错是在完全不同的内容之间进行切换，就像科学概念和外语词汇之间的切换一样，但这没有什么实际意义

（Hausman & Kornell, 2014），因为我们还是不知道不同材料之间的相似性（或差异性）要达到何种程度才是合适的。第二，不清楚交错对注意的影响（详见第六章）。从某种程度上来说，交错与多重任务既相似又不同。如果不同材料的相似程度高一些，那交错就可能会有损注意；但换个角度来说，切换于不同主题之间可以有效减少学习厌倦与思维漫游，因而也可能会有利于注意集中。

一旦离开实验室研究，就很难从间隔练习的益处中分离出属于交错学习的部分。

另外，一旦脱离了人为设计的实验室研究，就很难从间隔练习的益处中分离出属于交错学习的部分。

例如，假设你正在交错练习今天新学的材料与上周学过的内容。那么，这一过程不仅涉及了交错，还包含了对上周已学信息的回顾，所以你也正在进行间隔练习！基于此，我们才建议教师更为关注间隔练习而非交错学习。但同时，我们也会提醒教师，将不同的概念或不同类型的问题混合在同一个学习时段内，这可以帮助学生学会分辨概念或问题。

课堂里的间隔练习

令人兴奋的是，现在世界范围内的一线教师都在努力做出一些改变。下述是两个关于教师在课堂里实施间隔练习的典型例子。

本尼（Benney, 2016）在他的博客上发表了间隔练习的实践文章。他每个月都会布置某一特定主题的数学家庭作业，并在一个月后（几个月后也是如此，因为本学年已完成了该主题的学习）安排复习。这样的间隔可鼓励学生边学边记，不断积累，而不是在每个主题学过后就将其置之脑后。

塔比（Tharby, 2014）是一名英国作家和教师。他会在每节课开始之前，通过小测试来帮助学生回顾之前的知识。一般来说，他会询问学生三个关于上节课的学习内容的问题：第一个是关于上周学过的内容的问题；第二个是有关上个月学过的内容的问题；第三个是要求学生将上堂课所学与之前学过的相关内容联系起来的问题。通过提问，促使学生在思考已学内容的同时得以区分不同的内容。可见，这一练习既涉及间隔也包含了另一种有效学习的策略——提取练习（我们将在第十章中展开讨论）。

	9月	10月	11月	12月	1月	2月	3月	4月	5月	6月
①	已　教	延迟作业		复习课1				复习课2		
②		已　教	延迟作业		复习课1			复习课2		
③			已　教			复习课1			复习课2	
④				已　教		延迟作业		复习课1		
⑤					已　教	延迟作业			复习课2	
⑥						已　教	延迟作业		复习课2	
⑦							已　教		延迟作业	
⑧									已　教	

主　题

间隔练习计划表，取自本尼（2016）的博客。

不过，我们应该承认，帮助学生规划他们应该何时学习是一件很困难的事。

事实上，在我（雅娜）身上就发生过这样的一件事。2017年的5月，当时我正计划要去法国的图卢兹大学作一场演讲报告。由于我之前从来没在法国作过演讲（虽然我会讲法语，但在此之前我很少会在工作中使用这种语言），所以在演讲的六周前，我就在思考要在什么时候开始准备。我的直觉——信不信由你——认为应该空出演讲前的两天以做专门的准备。换句话说，就是在这两天内集中"啃下"所有的内容，这让我觉得很有效率。可是，正当我打算将这两天的安排写入计划时，我突然意识到：我是要为间隔练习的演讲作准备……但我使用的却是填鸭式的做法。认识到这一错误后，我为自己重新制订了准备计划。在接下来的六周中，每天安排30分钟（很巧，六周加起来一共有21个

让学生使用间隔练习的策略会很困难，因为我们很难让学生坚持学习计划。

小时，差不多就是两天的工作量）准备演讲。我在计划中锁定了这一 30 分钟，并将其安排在每天上午的偏晚些时候，因为我在这个时段内通常都有空。所以，试想一下，当每天锁定的这个时段来临之时会发生什么？有时候，我会过分专心于手头正在做的事；有时候，我会偷懒不去练习我的法语会话。因为于现在而言，演讲这件事的发生实在是太遥远了——还有六周，随后是五周，然后还有四周……不过，大多数时候我还是会老老实实地按照计划进行演讲的练习和准备。而随着演讲之日不断临近，我在练习上花的时间也不断增多，甚至会超过每日计划的时间。

在本书的第四部分，我们会为教师提供更多关于如何帮助学生规划学习的相关建议。

本章小结

间隔练习对学习的积极影响是认知心理学对教育领域的一项重要贡献。

间隔练习对学习的积极影响是认知心理学对教育领域的一项重要贡献。间隔练习的效应很好描述：相较于在某个时段内进行集中地重复，合理分布学习时间将更有利于信息的长期留存。交错学习是另一种有助于提高学习效率的规划工具。这种学习发生于将不同的概念或问题类型置于同一学习顺序之中，从而区别于更常见的、把同类问题分配在同一时段内的方法（组块学习）。不过，我们还需要更多的研究才能充分地理解交错学习的运作原理，包括何时以及如何发挥效用等问题。最后，令人兴奋的是，间隔练习已可应用于课堂或家庭学习。

参考文献

Baddeley, A. D., & Longman, D. J. A. (1978). The influence of length and frequency of training session on the rate of learning to type. *Ergonomics*,21,627–635.

Bahrick, H. P., Bahrick, L. E., Bahrick, A. S., & Bahrick, P. E. (1993). Maintenance of foreign language vocabulary and the spacing effect. *Psychological Science*, 4,316–321.

Benney, D. (2016, October 16). (Trying to apply) spacing in a content heavy subject [Blogpost].

Bjork, R. A. (2013, October 11). Forgetting as a friend of learning: Implications for teaching and self-regulated learning. Talk presented at William James Hall.

Bjork, R. A., & Bjork, E. L. (1992). A new theory of disuse and an old theory of stimulus fluctuation. In A. Healy, S. Kosslyn, & R. Shiffrin (Eds.), *From learning processes to cognitive processes: Essays in honor of William K. Estes*, 35–67. Hillsdale, NJ: Erlbaum.

Carpenter, S. K., Cepeda, N. J., Rohrer, D., Kang, S. H., & Pashler, H. (2012). Using spacing to enhance diverse forms of learning: Review of recent research and implications for instruction. *Educational Psychology Review*,24,369–378.

Carson, L. M., & Wiegand, R. L. (1979). Motor schema formation and retention in young children: A test of Schmidt's schema theory. *Journal of Motor Behavior*,11,247–251.

Cook, T. W. (1934). Massed and distributed practice in puzzle solving. *Psychological Review*,41,330–355.

DeRemer, P., & D'Agostino, P. R. (1974). Locus of distributed lag effect in free recall. *Journal of Verbal Learning and Verbal Behavior*, 13, 167–171.

Ebbinghaus, H. (1885/1964). *Memory: A contribution to experimental psychology*. Mineola, NY: Dover Publications.

Hausman, H., & Kornell, N. (2014). Mixing topics while studying does not enhance learning. *Journal of Applied Research in Memory and Cognition*, 3, 153–160.

Kang, S. H. (2016). Spaced repetition promotes efficient and effective learning. *Policy Insights from the Behavioral and Brain Sciences*, 3, 12–19.

KentStateTV (2009). Dr. Katherine Rawson speaks about her research [YouTube video].

Kornell, N., & Bjork, R. A. (2008). Learning concepts and categories: Is spacing the "enemy of induction"? *Psychological Science*, 19, 585–592.

Lee, T. D., & Schmidt, R. A. (2014). PaR (Plan- act-Review) golf: Motor learning research and improving golf skills. *International Journal of Golf Science*, 3, 2–25.

Rawson, K. A., & Kintsch, W. (2005). Rereading effects depend on time of test. *Journal of Educational Psychology*, 97, 70–80.

Rohrer, D. (2012). Interleaving helps students distinguish among similar concepts. *Educational Psychology Review*, 24, 355–367.

Rohrer, D., & Taylor, K. (2007). The shuffling of mathematics problems improves learning. *Instructional Science*, 35(6), 481–498.

Rohrer, D., Dedrick, R. F., & Burgess, K. (2014). The benefit of interleaved mathematics practice is not limited to superficially similar kinds of problems. *Psychonomic Bulletin & Review*, 21, 1323–1330.

Shea, J. B., & Morgan, R. L. (1979). Contextual interference effects on the acquisition, retention, and transfer of a motor skill. *Journal of Experimental Psychology: Human Learning and Memory*, 5, 179–187.

Simmons, A. L. (2012). Distributed practice and procedural memory consolidation in musicians' skill learning. *Journal of Research in Music Education*, 59, 357–368.

Taylor, K., & Rohrer, D. (2010). The effects of interleaved practice. *Applied Cognitive Psychology*, 24, 837–848.

Tharby, A. (2014, June). Memory platforms [Blog post]. *Reflecting English Blog*.

Yan, V. (2016, May). Retrieval strength versus storage strength [Blog post]. *The Learning Scientists Blog*.

第九章
发展理解能力

精细加工描述了增添信息
以补充记忆的过程。

为了促进理解，新信息需
要与已有知识建立关联。

可以使用促进精细加工的
策略来强化理解。

精细询问涉及提问与回答
"如何"以及"为什么"的
问题。

具体例子可用于阐释抽象
观点并使其易于理解。

使用多样的具体例子来阐
释抽象概念是很重要的。

图片通常要比文字好记，
且能提供另一种记忆线索。

图片与文字的组合可有益于
所有类型的学习者——不仅
是那些喜欢图片的人。

任何附有文字材料的图片
都必须与目标概念相关。

作为教师，我们希望学生能以一种有意义的方式来学习材料——换
言之，他们能够理解材料。理解发生于学生对记忆的精细加工中，
即在记忆中补充细节信息并将其与已有知识进行整合。这一过程可
通过多种有效的策略进行强化。

什么是精细加工？

精细加工是记忆研究者最常讨论与研究的一种概念（Smith, 2014）。而说到研究者会对这一概念"情有独钟"的原因，可能是因为"精细加工"的术语本身就很宽泛，它可指向各种不同的含义。其中最简单的一种说法是：精细加工意味着增添信息以补充记忆（Hirshman, 2001; Postman, 1976）。

精细加工描述了增添信息以补充记忆的过程。

精细加工也被认为是对观点的组织或联系与整合（Bellezza, Cheesman, & Reddy, 1977; Mandler, 1979）。当新信息被组织且整合到已有信息中时，这一过程便会使我们在之后更容易记住新信息。

此外，另一种定义精细加工的观点将其视为对信息的深层加工（Craik & Lockhart, 1972; Craik & Tulving, 1975）。该观点认为信息可被加工至不同的层次。其中，浅层加工是对信息的表面细节的分析处理，如指出词汇是否是由大写字母拼写的，或说明某个词汇的字体大小。而深层加工涉及了对该词汇含义的思考，可引发精细加工。根据这一思路，深层的信息加工比浅层的信息加工更利于信息的记忆。

为了促进理解，新信息需要与已有知识建立关联。

由此，精细加工便被众多记忆学家公认为是一种促进学习和记忆的最佳方式。例如，在 1983 年，安德森（Anderson）说："让学习者对需要被记忆的材料进行精细加工是最有效的一种加强材料记忆的方式。"如果这种说法是正确的，那作为教育工作者的我们需要做的就是确保学生参与精细加工，使

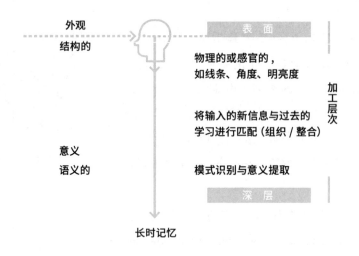

外观
结构的

表　面

物理的或感官的，
如线条、角度、明亮度

加工层次

将输入的新信息与过去的
学习进行匹配（组织／整合）

意义
语义的

模式识别与意义提取

深　层

长时记忆

" 当提出涉及某一词汇语义
方面（深层）的问题时，
该词汇后续记忆保持会大
大加强（1975）。"

费格斯·克雷克与恩德尔·图尔文（Fergus Craik & Endel Tulving）

他们的学习效果最大化! 要是真能这么简单就好了。

　　我们花了大量时间来思考关于精细加工的含义（事实上，梅根的博士论文写的就是精细加工和提取）。从我们的认识来说，由于精细加工的含义十分宽泛，所以它很难真正地应用到实践中去。而且，补充记忆的说法也比较模糊，实则可指代很多过程。不过，更关键的是，精细加工的术语似乎已形成了一个自循环：当发现某一过程可以有效促进学习和记忆时，我们会将其归功于精细加工；而当发现某一过程不能对学习和记忆发挥积极效用时，我们就会得出结论，认为精细加工没有发生或发生得不充分（Karpicke & Smith, 2012）。

可见，过于宽泛的术语可能会限制精细加工在教育背景中的有效应用。不过，我们还是选择了三种能有效促进这一过程的学习策略——精细询问、具体例子以及双重编码，这些策略在提升学生学习和帮助学生理解学习材料等方面都得到了充分的研究证明。

可以使用促进精细加工的策略来强化理解。

精细询问：它的主要思想是什么？

精细询问是一种精细加工的具体方法，即询问自己关于如何以及为什么的问题，继而生成相应的答案（McDaniel & Donnelly, 1996; Pressley, McDaniel, Turnure, Wood, & Ahmad, 1987）。问题需要与正在学习的内容主题相关。下面，我们将以两个不同的主题——神经交流与偷袭珍珠港事件——为例，深入地探讨这一策略。

精细询问涉及提问与回答"如何"以及"为什么"的问题。

例1：神经交流

神经之间的交流是如何实现的？如果以某个神经元为观察原点，就不难发现这一神经元会通过树突以接收从其他神经元传递而来的信息，这些信息在之后都会汇聚于神经元胞体。所以说，如果能为神经元胞体提供充足的兴奋刺激，动作电位就会被触发，继而将电信号传递至轴突。当信号一路到达轴突末端时，神经递质就会被释放至突触，而突触则是神经元之间相互联系的关键部位。

为什么上述过程会发生？关键在于神经递质的作用。这是一种能允许神经元与其他神经元进行联系的化学物质。不同神经元之间的激活模式（决定了神经元激活时如何以及多快释放何种神经递质）决定了大脑能接收到的信息。

轴突是如何工作的? 轴突是一个长尾状的结构, 它可以产生电信号。

电信号是如何传递的? 轴突被包裹在髓鞘内, 而髓鞘则是覆在轴突之上的一层膜, 其作用就像是包裹在电源线外的一层橡胶, 可促使电流传递得更快。

为什么会有髓鞘的存在? 因为我们需要神经元快速地传递信号, 从而使我们能快速地做出反应、制定决策、移动、从皮肤表面接收感官信息等。

例 2: 偷袭珍珠港事件

这一偷袭事件是如何发生的? 1941 年的 12 月 7 日, 日本的海军在珍珠港袭击了美国的海军基地。日本人使用的攻击工具包括战斗机、轰炸机以及鱼雷轰炸机。

为什么这一偷袭事件会发生? 日本人试图破坏美国的太平洋舰队, 使美国无法继续干扰日军后续的行动。

这一历史事件的结果是什么? 日军伤亡很轻, 且他们成功摧毁了八艘美国的海军战舰。"亚利桑那号"就是日本击沉的船只之一, 战后也没有从浅水中打捞上来。除了战舰, 美军飞机也遭受了重创。此次事件共有 2403 名美国军人死亡 (1178 名人员受伤)。

为什么这一事件很重要? 因为在袭击后的第二天, 罗斯福就发表了他的国耻演说, 宣布美国正式向日本宣战, 于是那些美籍日裔被转移到了拘禁营。

你还可以继续提问: 美国是如何加入这场战争的? 偷袭珍珠港事件是如何催化日本广岛原子弹爆炸事件的? 这场战争是如何结束的? 等等。

提问的主要目标是通过一系列问题来鼓励你 (或你的学生) 去理解和解释核心概念。精细加工的过程其实也是建立新旧知识之间的联系的过程, 可以促使记忆在之后更容易被提取。当然, 上述列举的问题仅是一些例子, 还有其他很多不同类型的问题可以提问。重要的是, 提问的问题要能导向对核心概念或主要观点的描述与解释, 并支持建立不同观点的联系。

相较于简单地阅读信息, 甚至是使用自己的学习策略, 提问并寻找答案的过程更能促进学习。例如, 沃洛什因 (Woloshyn) 与斯托克利 (Stockley, 1995)

曾让六年级与七年级的学生分别学习两种科学事实，一种是与学生的已有知识相连贯的事实，另一种是与学生的已有知识不一致、不连贯的事实。

以第一种科学事实为例，"动物的体型越庞大，需要的氧气就越多"的知识就属于与已有知识相连贯的、不会令人感到意外的事实知识。而"太阳光由很多颜色组成，其中包括了蓝色和紫色"就属于第二种科学事实，即可能会令人惊讶的知识。于此，该研究旨在观察精细询问会如何影响不同的事实知识的学习。研究者将学生分为独立学习与配对学习两组，将他们置于不同的学习情境之中：精细询问、选择自己的学习策略、大声阅读（详见下图关于每一种学习情境的描述）。

A　精细询问：回答问题"为什么这一事实是正确的？"，并使用课堂学习材料辅助解答问题。

B　选择自己的学习策略：学生回顾自己过去曾使用过的学习策略，并从中选择任何对自己最适合且最有效的策略。

C　大声阅读以促进理解。

沃洛什因与斯托克利（1995）在精细加工的研究中设计的三种学习情境。

维拉·沃洛什因（Vera Woloshyn）

　　学习结束后，研究者对学习结果进行了两种测量：第一种是即时测试，第二种是 60 天之后的延迟测试。根据研究结果，学生的分组差异（单人或两人一组）没有对学习产生什么影响，但对比于"选择自己的策略"与"大声阅读"的学习情境，学生在"精细询问"中能学到更多。这一结论适用于上述的两种事实知识的学习，且更为关键的是，精细询问的学习效果更持久——在 60 天后的延迟测试中，参与这种学习情境的学生的成绩是最好的。

　　有个有趣的现象值得一提："选择自己的策略"组的学生的表现并不比"大声阅读"组的学生更优异。换句话说，只有精细询问能帮助学生更好地理解并记忆知识，即使他们遇到的是与已有知识不一致的新知识。另外，这项研究发现也论证了精细询问得以发挥效用的方式：学生既可以选择自问自答，也可以选择在小组中提出质疑，这是种十分灵活的策略（Kahl & Woloshyn, 1994）。

　　不过，在沃洛什因与斯托克利的研究中，有一点值得注意：问题的答案质量可能也会有影响。只有当学生对问题做出合适的回答时，他们才能收获最佳的表现。当然，即使学生得出的答案"不太合适"，也肯定比什么都答不出来要好。最后，参与配对学习的学生所产出的合适答案的数量与独立组的学生的产出量相差无几。

　　有些研究还关注了学习者的背景知识。比如，有研究发现，当学生对于某个主题的背景知识比较缺乏时，精细询问的效用就不如学生在拥有充分背景知识的时候使用该策略的效果好 (Woloshyn, Pressley, & Schneider, 1992)。而且，在某些情况下，如果精细加工的质量较低，那和普通的阅读策略相比，精细加工反而会妨害学习 (Clinton, Alibali, & Nathan, 2016)。基于这些原因，教师最好用这一策略来帮助学生发展理解能力，而非用于新引入某一学习主题。

然而，少有研究将精细询问的方法从实验室带入到课堂（详见第二章的"从实验室到课堂"之模型）。以我们所知的，某个课堂研究倒是发现了令人欣喜的结果。在这一研究中 (Smith, Holliday, & Austin, 2010)，大约有 300 名本科生参与了某节生物课程。在课上，学生被随机分配至两组：一组要求进行反复阅读，另一组要求回答"为什么"的问题。而无论是哪一组，学习的内容均来自本堂课。结果发现，精细询问组和阅读组之间存在小却显著的优势差异。而且，在控制了学生的已有知识和语言能力这两个可能受影响的变量后（保证在精细询问组中不会只有已有知识丰富或语言能力出色的学生参与），精细询问组的优势依旧显著。这一结论令人振奋，它也为未来将精细询问的策略投入到课堂中的相关研究提供了重要证据。

自我解释：它的主要思想是什么？

自我解释在功能和结果产出上类似于精细询问。这种方法最常见于数学和物理学的研究中，涉及让学生在问题解决的过程中大声地说出他们的解决步骤。

好的，这道题目是两个数字相乘……，先把这个数字抄一下放到这里，我要先将其转换成分数形式。

无自我解释　有自我解释

在某一相关研究中（也就是说，不存在任何实验操控），研究者发现，那些在解决物理问题的过程中进行自我解释的学生会在测试中表现出更好的概念理解能力（Chi, Bassok, Lewis, Reimann, & Glaser, 1989）。然而，自我解释与更好的概念理解能力之间的相关并不能说明前者就是得出后者结果的原因（详见第二章）。学生在测试中得到优异成绩的原因也许有多种，一方面可能是自我解释的直接影响，另一方面可能是学生对材料的理解增进了自我解释，从而收获了优异的成绩。此外，也有可能是其他的一些因素影响了自我解释与测试成绩（Chi, de Leeuw, Chui, & LaVancher, 1994）。所以说，相关关系只能说明两个变量是相关的，但不能说明它们是"如何"相关的。

可见，若要确定变量之间的因果关系，就需要进行一个真正的实验。实验遵循随机分配的原则，并控制某个变量（或多个变量）。然后，对实验结果进行测量，比较控制组与实验组之间的结果差异。换句话说，既然季（Chi）和他的同事已经发现了自我解释与概念理解能力之间的相关关系，那下一步要做的就是以实验检验它们的因果关系。

在后续研究中，研究者（Chi et al., 1994）专门让某一组学生进行自我解释，而另一组维持原有学习过程不变（有的学生和原来一样进行自我解释，有的学生不参与解释）。因为学生的分组是随机的，所以研究呈现的就是一个真正的实验。如研究者所预测的那样，自我解释的实验组在后续的理解能力测试中会有更优异的表现，这意味着自我解释能够导向优异的测试成绩。相似的结果也出现于小学生解决数学应用题的研究之中，参与自我解释的学生在学习后的即时测试和一个月后的延迟测试中都有着更为优异的成绩表现（Tajika, Nakatsu, Nozaki, Neumann, & Maruno, 2007）。

有个关于自我解释的有趣用法是教授他人。如果你能做到将自己所学教授给他人，那就说明你这一阶段的学习的确是"学到家"了。当然，即使只有教授的意向而没有实际的行为，这一过程也能为你带来更大的学习收获（Nestojko, Bui, Kornell, & Bjork, 2014）！

具体例子：它的主要思想是什么？

抽象的观点通常会表述得比较模糊且让人难以掌握，因而人类总是更擅长记忆那些具体的信息（Paivio, Walsh, & Bons, 1994）。基于此，抽象观点的具体例子就十分有利于理解和记忆信息。

具体例子可用于阐释抽象观点并使其易于理解。

我们以"稀缺性"一词来介绍下什么是某个抽象观点的具体例子。稀缺性是指某样事物越是罕见，其价值就越高。但这样的描述包含了很多模糊的术语，如"稀罕"和"价值"。那我们如何才能使这一概念变得更为具体呢？答案就是用一个具体表述的例子来阐释它。

想想航空公司的那些事。如果你提前四个月就开始预订机票，那票价肯定相当实惠。而随着航班日的临近，飞机上的剩余座位数会变得越来越少（在此例中，座位是稀缺的）。此时，稀缺性便会导致机票的价格（价值）提高。这就是"稀缺性"这一抽象概念的某个具体例子。

提供例子看起来很容易做到——事实上，我们在教学时几乎都会使用例子，但这种方法也存在一定的问题，即学生会倾向于记住具体例子，而非记住例子所要阐释的抽象概念本身。换句话说，学生可能会记忆例子的表面细节，而忘记例子与抽象概念之间的重要联系（或者说，学生可能从未真正地理解具体例子与抽象概念之间的联系）。下面的具体例子可以解释这一抽象说法（一语双关）。

当我（梅根）在研究生院就职的时候，我在独立教授的第一节课中就融入了心理学入门的相关知识。没错，为了向学生示证正强化的作用，我把糖果带进了课堂。糖果就是一种课堂参与的正强化，给予学生糖果，可以激励他们参与课堂。所以这场示证在一段时间内似乎颇有成效。

然而，到了学期期末的时候，当我收到我的课堂评价时，我发现很多学生会在评价中提到"我喜欢她的课，她给了我糖果"。我当时就震惊了！为什么他们没有意识到糖果是用来示证正强化这一心理学原理的？后来，当我冷静下来后，我想这样的结果也许并不意外。因为，当我决定使用具体例子来阐释这一抽象概念的时候，学生就已经变得倾向于记忆例子的表面细节（即参与课堂就有糖果），而非关注这一例子与其背后概念之间的联系（即正强化，在该例中使用糖果是用来激励某种行为的，也就是课堂参与）。

有很多研究都得到了类似的结果。学生，尤其是新手学生，总是会倾向于注意并记忆例子的表面细节，而忽视关注例子背后的概念。比如，物理学家能够做到对问题进行分门别类地处理，从中提取出核心概念；但物理学新手做不到这种高难度操作，相反，他们通常会以表面细节作为问题的分类依据(Chi, Feltovich, & Glaser, 1981; Smith, 2016)。

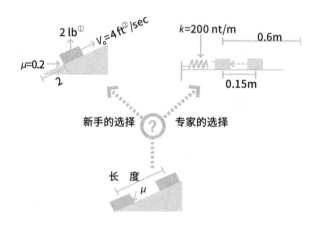

学生似乎很难做到忽略例子的表面细节而去关注其背后的概念。这一点当学生需要将现有例子中的已学迁移应用至其他情境中（教育的一个重要目标）时尤甚。吉克（Gick）与霍利奥克（Holyoak, 1980）曾对大学生能否使用某一问题去解决另一类似问题做过调查。如下所述，首先，学生会阅读一段关于某

① lb 为磅，非法定计量单位。
② ft 为英尺，非法定计量单位。

位将军试图攻占堡垒的故事：

从前，有位独裁者高座于固若金汤的堡垒中，控制了整个国家。这一堡垒位于国家的中部，四周环绕着农场和村庄，因此有很多通往堡垒的道路都联通着乡村。有位叛军将领发誓要夺取堡垒，他知道只要能动用全部军队就一定能攻下它，于是他就让部下占据每条靠近堡垒方向的道路的前端，准备伺机发起一场全面的攻城战。然而，这位将军随后打听到，堡垒中的独裁者在每条道路上都埋下了地雷。而由于独裁者身边的军队和工人依旧需要往返于堡垒之间，因此设了地雷后每次只有一小群人能够安全地走在路上。地雷的存在让人忌惮，因为任何强力都有可能会引爆地雷。地雷一旦引爆，损毁的就不仅仅是道路，还会破坏周围的村庄。所以，直接强攻堡垒看起来似乎不可能实现。然而，这位将军另想了个简单的计划。他将军队拆分成了众多小组，并将每个组置于不同道路的前端。当所有小组准备就绪时，他发动信号以让每个小组向堡垒前进。由于每个小组都是同时出发，所以整个军队也会同时到达。最后，这位将军攻下了堡垒，推翻了独裁者。

接着，几分钟之后，学生需要解决一些问题。这其中就包括与故事中的堡垒攻占相似的问题：

假设你是一名医生，现在你面前有一位患有胃部恶性肿瘤的病人。想要直接给这位病人做手术是不可能的，但如果不除掉恶性的肿瘤，病人依旧无法远离死亡。在这种情况下，有一种高强度的射线可以破坏肿瘤，但高强度同时也意味着更大的破坏力。换句话说，它会将肿瘤附近的、其他健康的组织细胞也一并破坏掉。而倘若换成低强度的射线，虽然能够保住那些健康的组织，但其强度却不足以破坏肿瘤细胞。所以，到底该如何实现两全？既不损害健康的组织细胞，又能成功地破坏恶性肿瘤？

上述两个问题包含了不同的表面细节。第一个问题涉及了一位将军、一支军队、一座堡垒、道路与地雷；第二个问题则包括了一位病人、一名医生、一个肿瘤、射线治疗与健康组织细胞。不过，由于这两个问题背后是相同的抽象概念，所以，在堡垒问题中使用的问题解决方案——将大支军队拆分成小支队伍并在堡垒前同时汇合——也可以用于解决肿瘤问题。

　　然而，众多的实验研究发现，少有学生能够自主地将某一问题的解决方案迁移应用到另一个问题之中。例如，在某一实验中，研究者发现仅有 20%的学生能通过参照相似的堡垒问题来解决肿瘤问题。这一结果令研究者惊讶不已，明明这两个问题都是在同一个实验中呈现的！但是，当学生被给予了提示——"在解决这一问题的过程中，不妨参考一下你之前读过的某个故事，也许它能给你带来一些解决问题的提示"——他们就能够顺利地解决问题（92%）。但从另一个角度来说，这也意味着还有 8% 的学生即使在有提示的前提下也依旧无法建立两个例子之间的联系。这一结果着实令人深思，因为提示的设置其实并不"真实"。试想一下，有多少学生会在一生中始终有老师陪伴，给予他们提示，告诉他们该什么时候应用所学？

我们需要多少具体例子？

　　向学生提供具体例子可以帮助他们理解抽象概念，但我们也要由此承担学生倾向于记住例子的表面细节，而忽略抽象概念本身的风险。进一步地说，如果学生在教师提供例子的时候，只记住了例子的信息，那他们就很难再对抽象概念本身投入注意，更遑论将抽象概念应用于其他不同但相似的情境之中。有研究者指出，教师可以提供多样的例子来帮助学生理解抽象概念（Gick & Holyoak, 1983）。当不同的例子有着不同的表面信息时，这一方法尤其有效。

　　以之前讨论过的"稀缺性"为例，在说明何谓抽象概念的具体例子时，我们讲述了购买飞机票的

使用多样的具体例子来阐释抽象概念是很重要的。

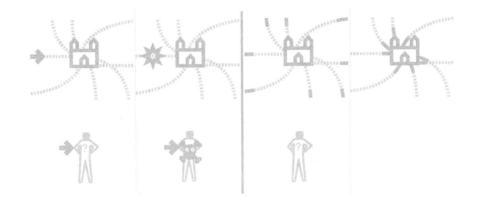

相关情形。但是，如果学生只记住了他们所学的内容和飞机有关，而不记得其他重要内容怎么办？换言之，学生可能会遗失单个具体例子想要传达的关键信息。为了弥补这一漏洞，我们可以向学生提供另一个有关比赛门票销售的例子。在赛季开始前买票，能买到的票不仅类型多，价格还实惠。而随着赛季的推进，若有的队伍表现出色，那就会吸引更多的人前去观战。相应地，门票就会变得越来越稀缺——体育场中剩下的座位数越来越少——票价也就愈发"水涨船高"。这就是关于稀缺性的另一个具体例子。不过，因为这个例子和购买飞机票的那个例子存在部分相同的表面细节，所以，学生在了解完这两个例子后就可能会认为稀缺性仅与票价有关，要么是飞机票要么是比赛门票，除此之外再无其他。

可见，提供两个例子还不够，我们需要考虑另一个截然不同的例子。在气候干燥的地区，干旱现象极为普遍，因此水资源就是一种稀缺资源。由于水的价值在这样的环境中十分重大，买水的成本也就变得十分高昂。有的城市甚至会因为水资源的缺乏，限制每户家庭在每日或每周使用的水量。试想一下，假如我们使用的每滴水的价格都很昂贵，那我们就不太可能还会继续浪费用水——因为干旱不是打水丈或玩水的最佳时机，相反，我们会在饮用、洗澡或做饭等真正需要水的时候，努力节约用水。

干旱地区的水资源也是阐释稀缺性的抽象概念的一个具体例子。只不过这个例子有着和机票、比赛门票完全不同的表面细节。前两个例子都与金钱和票价有关，而第三个例子则与自然资源的使用和节约有关。提供这种类型的例子将有助于学生重新审视前两个例子的表面信息，由此增进对抽象概念本身的理解。更多关于提供多样例子可增进理解的相关信息，可见奥尔西娅·鲍伦施密特（Althea Bauernschmidt）在我们博客中的投稿文章（Bauernschmidt, 2017）。

值得说明的是，提供具体例子并不总能促进学习。在某些情况下，具体例子就像那些课堂上使用的教具（用于示证某一抽象概念的道具）一样，可能会妨碍学习。比如，当教具本身十分有趣且在课堂上过于频繁使用时，学生的注意（详见第六章）就可能会从当前的学习任务上转移开。又或者，当某一具体例子的表面细节十分突出，学生的注意也可能会从抽象概念上离开，转而关注例子（McNeil, Uttal, Jarvin, & Sternberg, 2009）。另外，生动的具体例子还可能会减少迁移的发生，因为学生可能会被例子中的特定细节所吸引，从而忽略抽象概念与例子及其他例子之间的联系（Carbonneau, Marley, & Selig, 2013）。

总的来说，要在具体例子与抽象概念之间建立联系不是一件容易的事，这对于背景知识不足的学习者尤为如此。教师需要努力让学生建构起清晰的联系。

双重编码：它的主要思想是什么？

双重编码是指对言语材料和视觉材料进行双加工的过程。图片通常要比文字好记（Paivio & Csapo, 1969; 1973）。因此，双重编码理论的核心观点是：当我们联合处理言语信息和视觉信息时，我们的学习就会得到强化，因为这两种信息的加工会经由不同的渠道进行（Paivio, 1971; 1986）。

换言之，当一种信息有两种呈现形式时——言语和视觉——我们就有两种记忆该信息的方式。

有很多可以从视觉上呈现学习材料的方式，比如信息图、时间轴、连环画、图解以及图示

图片通常要比文字好记，且能提供另一种记忆线索。

组织者。

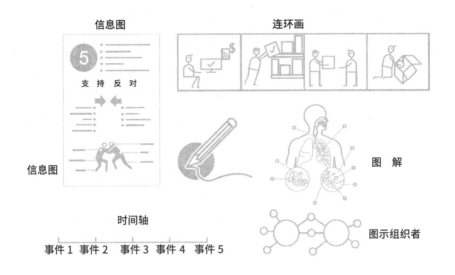

信息图

连环画

5

支 持 反 对

信息图

图 解

时间轴

事件1 事件2 事件3 事件4 事件5

图示组织者

双重编码与学习风格

　　双重编码涉及以视觉与言语两种形式来呈现信息。当我们谈及双重编码时，你可能会在一开始误以为我们想要讨论学习风格。本书的第四章已探讨了不少关于学习风格的迷思。不少研究都发现，先测量学习风格而后再匹配教学的做法不能提升学习成绩（Pashler, McDaniel, Rohrer, & Bjork, 2008）。我们都有偏好，这是肯定的。但是，以教学来适应偏好并不能帮助学习。

　　双重编码的理念与之相反。它不考虑偏好，且认为学生在进行多种形式的学习时能学得更好。我（雅娜）和梅根就有一些喜欢图示，并在实际学习中经常使用图解的学生（据说，不少学生都觉得自己是视觉型的学习者，能从图片中获得更好的学习）。根据学习风格理论（Dunn, 2000），教学应向喜欢视觉型的学生呈现视觉材料，向偏好言语型的学生提供言语类的表征。相对地，双重编码理论支持向所有的学生提供相关的图示和言语信息，鼓励学生整

图片与文字（视觉与言语）的组合可有益于所有类型的学习者——不仅是那些喜欢图片的人。

合使用。

如果学生正在学习关于动物细胞解剖方面的知识，仅提供一张没有附带任何文字说明的图示是无法帮助他们理解细致的解剖学的（不过，这里有一个特例，我们会在下一段中进行介绍）。但是，给学生一张带有标签并附有细胞不同组成部分的解释的图示，就会产生不同的效果。显然，这样的图对学生的学习更有帮助。

不过，这里存在一种特殊情况，即无标签的图示也能产生实际效用。如果学生已经理解了动物细胞的不同组成部分是如何联合工作的，那他们就可以使用无标签的图示来练习提取细胞的组成部分和其整体结构的相关信息。在这种情况下，学生会经历"双重编码"（加工视觉信息与言语信息）、"精细询问"

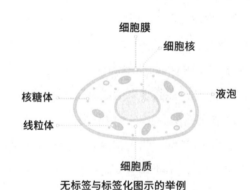

无标签与标签化图示的举例

（描述并解释细胞的各个组成部分和整体的功能）与"提取练习"（将信息传递至思维，详见第十章）这三个过程。

双重编码的使用说明

双重编码的理念颇类似于多媒体学习，因为其中使用的材料会以多种形式呈现（Meyer & Anderson, 1992）。然而，正如生活所经历过的绝大多数事情一样，"过犹不及"乃是教训。有时候，我们选择的视觉信息可能不全与学习内容相关。在这种情况下，视觉呈现就不会对学习产生帮助，且更糟的是，其可能会因为包含了不相关但却有吸引力、容易对人产生注意干扰的"诱惑性细节"，实际妨碍到学习（Harp & Mayer, 1997）。

另外，组合过多的言语与视觉信息同样也会妨碍学习。一次性呈现的信息太多可能会加重认知负荷（详见第六章），造成"实际的认知加工量超过可用的认知容量"（Mayer & Moreno, 2003）。换言之，如果某一学习活动需要耗费的认知资源过多，那学生可能无法从该学习活动中充分受益。

所以，同时呈现言语与视觉信息能帮助学生以一种有意义的方式进行学习。但是，如果这种意义学习是在认知超载的情况下发生的，那双重编码就会对学习产生妨碍作用。例如，在图示中设置标签很重要。可是，标签的摆放位置也同样很有"讲究"。如果标签与图示摆放得不够近，那就可能产生额外的认知负荷，从而对学习造成潜在的消极影响（Mayer & Moreno, 2003）。

任何附有文字材料的图片都必须与目标概念相关。

不过，认知负荷在双重编码中不算一个大问题，因为认知负荷在所有的学习情境中都被视为一种障碍。所以说，双重编码会生成认知负荷，但"不一定"会造成超载。更多关于使用双重编码时应如何减少认知负荷的相关建议可见本书第十一章"给教师的建议"。

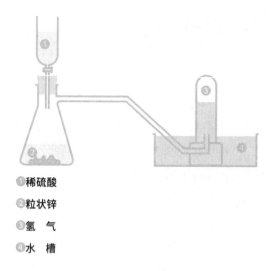

①稀硫酸

②粒状锌

③氢　气

④水　槽

标记远离相应概念的举例

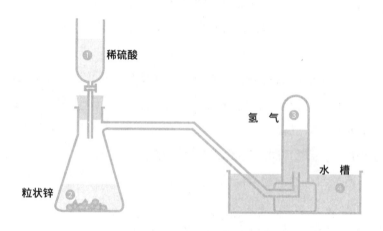

标记靠近相应概念的举例

本章小结

　　理解可通过精细加工，即通过将新信息与已有知识相联系，并增添信息细节的过程而得到发展。在实践中，精细加工可指向很多不同的意思。其中，公

理解学习（配图版）

认的观点是：精细加工涉及对已有记忆的信息的补充。在这一章中，我们讨论了几种可促进精细加工的学习策略：（1）精细询问，要求学生在学习时提出关于某一概念的"如何"与"为什么"的问题，并尝试对问题进行解答。（2）具体例子，这一策略工具对学习有不少益处：其一，例子可简明扼要地概述信息；其二，例子能为学生提供更多便于记忆的具体信息；其三，例子可充分发挥视觉信息的优势。（3）双重编码，支持向学生提供言语与视觉形式的信息以促进学习和记忆。由于图片通常要比文字好记，所以在运用图片的时候，就必须要注意建构图片与学习内容之间的相关性。

参考文献

Anderson, J. R. (1983). A spreading activation theory of memory. *Journal of Verbal Learning and Verbal Behavior*, 22, 261–295.

Bauernschmidt, A. (2017, May). Two examples are better than one [Blog post]. The Learning Scientists Blog.

Bellezza, F. S., Cheesman, F. L., & Reddy, B. G. (1977). Organization and semantic elaboration in free recall. *Journal of Experimental Psychology: Human Learning and Memory*, 3, 539–550.

Carbonneau, K., Marley, S. C., & Selig, J. P. (2013). A meta-analysis of theefficacy of teaching mathematics with concrete manipulatives. *Journal of Educational Psychology*, 105, 380–400.

Chi, M. T., Feltovich, P. J., & Glaser, R. (1981). Categorization and representation of physics problems by experts and novices. *Cognitive Science*,5, 121–152.

Chi, M. T., de Leeuw, N., Chiu, M. H., & LaVancher, C. (1994). Eliciting self explanations improves understanding. *Cognitive Science*, 18, 439–477.

Chi, M. T., Bassok, M., Lewis, M. W., Reimann, P., & Glaser, R. (1989). Self explanations: How students study and use examples in learning to solveproblems. *Cognitive Science*, 13,145–182.

Clinton, V., Alibali, M. W., & Nathan, M. J. (2016). Learning about posterior probability: Do diagrams and elaborative interrogation help? *The Journal of Experimental Education*, 84, 579–599.

Craik, F. I., & Lockhart, R. S. (1972). Levels of processing: A framework for memory research. *Journal of Verbal Learning and Verbal Behavior*, 11, 671–684.

Craik, F. I., & Tulving, E. (1975). Depth of processing and the retention of words in episodic memory. *Journal of Experimental Psychology: General*, 104, 268–294.

Dunn, R. (2000). Learning styles: Theory, research, and practice. *National Forum of Applied Educational Research Journal*, 13, 3–22.

Gick, M. L., & Holyoak, K. J. (1980). Analogical problem solving. *Cognitive Psychology*, 12, 306–355.

Gick, M. L., & Holyoak, K. J. (1983). Schema induction and analogical transfer. *Cognitive Psychology*, 15, 1–38.

Harp, S. F., & Mayer, R. E. (1997). The role of interest in learning from scientific text and illustrations: On the distinction between emotional interest and cognitive interest. *Journal of Educational Psychology*, 89, 92–102.

Hirshman, E. (2001). Elaboration in memory. In N. J. Smelser & P. B. Baltes (Eds.), *International encyclopedia of the social and behavioral sciences*, 4369–4374. Oxford: Pergamon.

Kahl, B., & Woloshyn, V. E. (1994). Using elaborative interrogation to facilitate acquisition of factual information in cooperative learning settings: One good strategy deserves another.

Applied Cognitive Psychology, 8, 465–478.

Karpicke, J. D., & Smith, M. A. (2012). Separate mnemonic effects of retrieval practice and elaborative encoding. *Journal of Memory and Language*, 67,17–29.

Mandler, G. (1979). Organization and repetition: Organizational principles with special reference to rote learning. In L. G. Nillson (Ed.), *Perspectives on memory research*, 293–327. Hillsdale, NJ: Lawrence Erlbaum Associates.

Mayer, R. E., & Moreno, R. (2003). Nine ways to reduce cognitive load in multimedia learning. *Educational Psychologist*, 38, 43–52.

McDaniel, M. A., & Donnelly, C. M. (1996). Learning with analogy and elaborative interrogation. *Journal of Educational Psychology*, 88, 508–519.

McNeil, N. M., Uttal, D. H., Jarvin, L., & Sternberg, R. J. (2009). Should you show me the money? Concrete objects both hurt and help performance on mathematics problems. *Learning and Instruction*, 19, 171–184.

Meyer, R. E., & Anderson, R. B. (1992). The instructive animation: Helping students build connections between words and pictures in multimedia learning. *Journal of Educational Psychology*, 4, 444–452.

Nestojko, J. F., Bui, D. C., Kornell, N., & Bjork, E. L. (2014). Expecting to teach enhances learning and organization of knowledge in free recall of text passages. *Memory & Cognition*, 42, 1038–1048.

Paivio, A. (1971). *Imagery and verbal processes*. New York: Holt, Rinehart and Winston.

Paivio, A. (1986). *Mental representations: A dual coding approach*. New York: Oxford University Press.

Paivio, A., & Csapo, K. (1969). Concrete image and verbal memory codes. *Journal of Experimental Psychology*, 80, 279–285.

Paivio, A., & Csapo, K. (1973). Picture superiority in free recall: Imagery or dual coding? *Cognitive Psychology*, 5, 176–206.

Paivio, A., Walsh, M., & Bons, T. (1994). Concreteness effects on memory: When and why? *Journal of Experimental Psychology: Learning, Memory, and Cognition*, 20, 1196–1204.

Pashler, H., McDaniel, M., Rohrer, D., & Bjork, R. (2008). Learning styles concepts and evidence. *Psychological Science in the Public Interest*, 9, 105–119.

Postman, L. (1976). Methodology of human learning. In W. K. Estes (Ed.), *Handbook of learning and cognitive processes: Volume 3, Approaches to human learning and motivation*, 11–69. Hillsdale, NJ: Lawrence Erlbaum Associates.

Pressley, M., McDaniel, M. A., Turnure, J. E., Wood, E., & Ahmad, M. (1987). Generation and precision of elaboration: Effects on intentional and incidental learning. *Journal of Experimental Psychology: Learning, Memory, and Cognition*, 13, 291–300.

Smith, B. L., Holliday, W. G., & Austin, H. W. (2010). Students' comprehension of science textbooks using a question-based reading strategy. *Journal of Research in Science Teaching*, 47, 363–379.

Smith, M. A. (2014). *The process of elaboration and implications for retrieval processes* (Doctoral dissertation). Retrieved from ProQuest Dissertations and Theses database. (UMI No.3669553).

Smith. M. (2016, October). What do students remember from our examples? [Blog post]. The *Learning Scientists Blog*.

Tajika, H., Nakatsu, N., Nozaki, H., Neumann, E., & Maruno, S. (2007). Effects of self-explanation as a metacognitive strategy for solving mathematical word problems. *Japanese Psychological*

Research, 49, 222–233.

Woloshyn, V. E., & Stockley, D. B. (1995). Helping students acquire belief-inconsistent and belief-consistent science facts: Comparisons between individual and dyad study using elaborative interrogation self-selected study and repetitious- reading. *Applied Cognitive Psychology*, 9, 75–89.

Woloshyn, V. E., Pressley, M., & Schneider, W. (1992). Elaborative-interrogation and prior-knowledge effects on learning of facts. *Journal of Educational Psychology*, 8, 115–123.

第十章
强化学习：提取练习

提取行为本身就带有加强记忆的功效，使信息在之后更容易被提取。

提取练习能给予学生关于他们的已知和未知的反馈，同时也能向教师提供相关反馈。

提取练习之所以能成为一种有价值的学习策略，是因为它能促进意义学习。

如果目标是发展持久的长期学习，那提取练习会是个极为有效的学习策略。

提取练习并非要在正式的测试中才能进行。

教师经常进行一些低风险或无风险的测试，促进学生进行提取练习。

教师在课堂中实施的任何形式的提取练习都能使学生受益。

给予提示与指导的脚手架是助力提取成功的好方式。

提取练习虽然会令人感到困难，但更为重要的是，不要落入"自我感觉良好"的陷阱中。

每一次将记忆中的信息提取至思维时，记忆都会经历一次重构与强化。换句话说，学生在进行测试的时候，他们不是在确认自己的记忆，而是在强化记忆。

提取练习：它的主要思想是什么？

在某个平凡的夜晚，当我（梅根）从学校下班回家和丈夫一起做晚餐时，我们闲聊了彼此的工作日常。我分享了某一堂课以及我和学生参与的某个新研究项目的研讨会，我的丈夫则说起了他和同事的午餐以及在系统中发现的某个需要修补的程序漏洞。我猜，很多读者也许会和自己的家人、室友或是通过手机与身处远方的朋友做类似的事情。当我们做这些事的时候，其实就是在回溯当日的经历，从记忆中将这些信息提取至思维。简单来说，我们在做的事就是提取。

提取练习涉及重构并重新思考记忆中的已有信息。也就是说，在通过阅读或听讲以学习某些内容后，如果再从记忆中将这部分信息提取至思维，就是在进行提取练习。相较于反复阅读，以及其他一些被认为可能有助于学习的策略，比如制作一份关于目前学习内容的概念地图 (Karpicke & Blunt, 2011)，提取练习更能提升学习 (Roediger & Karpicke, 2006)。

提取行为本身就带有加强记忆的功效，使信息在之后更容易被提取。

信息从记忆走向思维的过程会发生在各种不同的情况之中，但最为常见的情形还是在学生进行测试或测验的时候。当学生回答问题时，他们需要将特定的信息从记忆提取至思维。因而提取练习对学习的益处也被总结为"测试效应" (Duchastel, 1979)。当然，提取发生的渠道不限于测试，任何涉及将记忆中的信息提取至思维的活动都能促进学习。

提取练习作为一种学习策略的说法不算新颖。第一篇关于提取练习的文章发表于 1909 年 (Abbott)——大约 100 多年前。1989 年，格洛弗 (Glover) 写了一篇名为《测试现象：尚未消失但快被遗忘》的文章。所以说，在 20 世纪 80 年代后期，就已经有研究者关注了这一"古老"的学习策略，并对这个策略还没有被广泛运用于实践而感到惊讶。

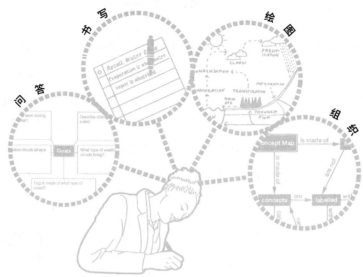

有很多种进行提取练习的方式。

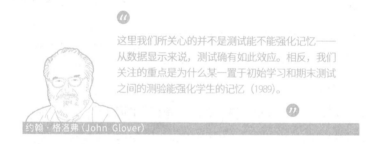

这里我们所关心的并不是测试能不能强化记忆——从数据显示来说，测试确有如此效应。相反，我们关注的重点是为什么某一置于初始学习和期末测试之间的测验能强化学生的记忆（1989）。

约翰·格洛弗（John Glover）

提取练习是如何助力学习的?

提取练习助力学习的方式有很多种（Roediger, Putnam, & Smith, 2011）。最为令人惊讶的是，提取练习对学习有着直接影响（Smith, Roediger, & Karpicke, 2013）。这意味着当我们将信息从记忆提取至思维时，我们正在改变记忆。有研究显示，提取练习能使记忆变得更持久、更灵活、更易于未来的使用。

甚至在缺乏反馈或进行再学习的时候，这一策略依旧能产生积极作用（提取练习帮助学生学习已知与未知内容的过程是一种间接效应，稍后会展开介绍）。不过，由于提取练习发挥效用的背后机制尚未明确，所以目前有不少研究都聚焦于理解它的发生过程（Carpenter, 2011; Lehman, Smith, & Karpicke, 2014）。从实践的角度来说，简单地知道提取练习对学习有着直接影响的事实就够了！

除了直接效应，提取练习对学习也有着间接影响。这意味着提取练习是先影响某些变量的水平，由这些变量继而带动提升了学习。比方说，提取练习能给予学生关于他们的已知和未知的相关反馈，同时也能向教师提供关于学生对学习材料的理解的反馈。

了解学生的已知与未知，可帮助教师合理地分配教学时间或帮助学生做好学习规划。研究发现，提取练习可使再学习变得更有效。换句话说，如果学生在复习课程材料之前先进行提取练习，那就能学到比没有参与提取练习的时候更多的内容（Izawa, 1966; McDermott & Arnold, 2013）。这就是所谓的"测试强化学习"，尽管它的效用并不总是显著的，但潜在的积极影响还是会为这一策略增值。

提取练习可使用什么类型的信息？

提取练习之所以能成为一种有价值的学习策略，是因为它能促进意义学习。

提取练习可帮助记忆事实。学生在学习时总会需要记住某些信息，因而这一策略在辅助记忆方面还是颇为有用的。此外，提取练习还能帮助学生在未来更灵活地使用信息，将已知应用到新情境中。可见，提取练习之所以能够成为一种有价值的学习策略，是因为它能促进意义学习，而不仅仅是有助于记忆。

例如，在梅根的某个研究中，大学生在学习呼吸系统的相关知识时，要么是进行提取练习——先阅读文章，然后将他们能记住的内容输入电脑——要么是进行重复阅读 (Smith, Blunt, Whiffen, & Karpicke, 2016)。

一周后，梅根对学生进行了简答题的测试，以评估这两种方式的学习效果。测试题的一部分来自文章原有的问题，因而这些问题考查的是学生记忆文本中的特定信息的能力。还有一些问题则需要学生在读完文章深入思考后才能回答，比如某一问题让学生设想有一种能够麻痹人的肌肉的疾病，类似小儿麻痹症，学生需要解释这种类型的疾病会如何影响人的呼吸系统的功能。

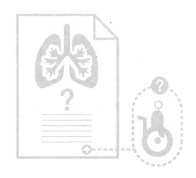

虽然学生在文章中没有读到关于小儿麻痹症或肌肉麻痹的内容，但他们之

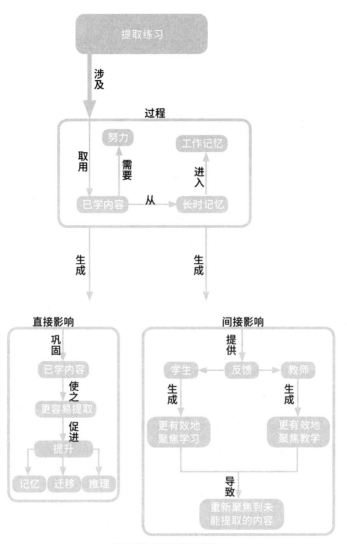

提取练习过程的概念地图

前已经学过了关于肌肉在呼吸系统中是如何工作的相关知识。如果学生能够正确理解呼吸系统的工作原理，那就能对这个新问题做出回答。这场测试还设置了关于不同的环境类型的问题，比如空气中弥漫大量灰尘的环境。此外，太阳能的能量转换问题也包含在内，即要求学生在阅读相关文章后解释为什么没有大面积水域的沙漠会很少降水。

测试结果显示，参与提取练习的学生要比重复阅读的学生回答出更多的问题。这就是一个关于提取练习能够有效帮助学生灵活应用已学知识的例子。

提取练习何时能促进学习？

如果目标是发展持久的长期学习，那提取练习会是个极为有效的学习策略。

提取练习，就像间隔练习一样，延迟一段时间后能产生更好的学习效果。换言之，若上述例子中的评估测试直接在学习结束后进行，那参与重复阅读的学生就会比提取练习组的学生获得更好的成绩。正如第八章对间隔练习的讨论所述：填鸭式学习仅在短时间内有效，但如果目标是发展持久的长期学习，那提取练习更为有效。

例如，在某项研究中，学生需要学习两篇关于海獭和太阳的文章。研究对学生的学习方式做出了区分：在第一篇文章的学习中，学生需要连续阅读两遍文章；而对于另一篇，学生则需要在读完文章后进行提取练习，在白纸上尽可能多地写出能够记住的文章内容（Roediger & Karpicke, 2006，实验一）。接着，安排学生分组参与不同时间节点的测试。有的学生安排在学习结束的五分钟之后，有的安排在两天之后，还有一些学生则需要在一周之后参加测试。测试要求学生再次写出他们能够记住的文章的相关信息。

当测试进行于学习结束的五分钟之后，连续阅读两遍文章的学生要比提取练习组的学生记住更多的文章内容。然而，当测试进行于两天之后或是一周之后，提取练习的优势开始凸显，那些先阅读后参与提取的学生要比反复阅读的学生获得更好的测试成绩。

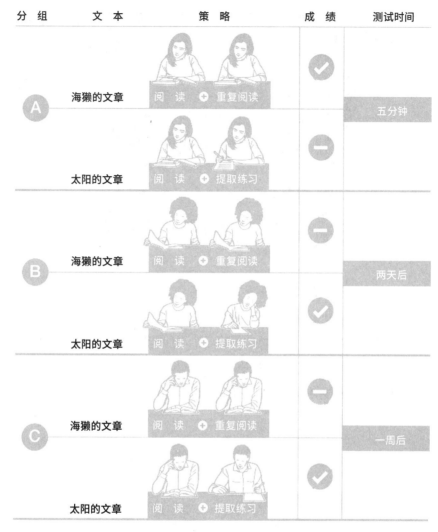

分 组	文 本	策 略	成 绩	测试时间
A	海獭的文章	阅 读 + 重复阅读	✓	五分钟
	太阳的文章	阅 读 + 提取练习	−	
B	海獭的文章	阅 读 + 重复阅读	−	两天后
	太阳的文章	阅 读 + 提取练习	✓	
C	海獭的文章	阅 读 + 重复阅读	−	一周后
	太阳的文章	阅 读 + 提取练习	✓	

罗迪格尔与卡尔匹克的实验流程（2006，实验一）。

提取练习：什么是关键？

　　基于提取的学习涵盖了任何涉及从记忆中将
信息提取至思维的活动。比如，学生在白纸上写

提取练习并非要在正式的测试
中才能进行。

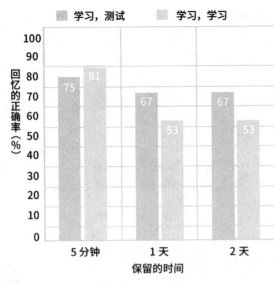

罗迪格尔与卡尔匹克的实验结果（2006，实验一）。

出自己的已知（Roediger & Karpicke, 2006），根据记忆创建概念地图（Blunt & Karpicke, 2014），根据记忆绘写（Nunes, Smith, & Karpicke, 2014），又或是向同伴、教师及父母解释记忆的内容（Putnam & Roediger, 2013）。

接下来，我们将介绍几种可用于课堂的提取练习策略及其使用事项。

经常性的低风险测试

测试效益的相关研究表明，当学生因想在测试中取得好成绩而倍感压力时，提取练习的积极作用就会有所减弱（Hinze & Rapp, 2014）。不过，这并不意味着教师应该放弃测试！因为有研究指出，保持一定频率的小测验有助于减少学生整体的测试焦虑水平（Smith, Floerke, & Thomas, 2016）。将这两项研究结果联合起来考虑，也就是说，教师经常安排一些分值较小或无分值的测试或小测验，可帮助学生减少面对高风险测试时的压力，缓解焦虑。

教师经常进行一些低风险或无风险的测试，促进学生进行提取练习。

我们认为，经常性的测试不仅有助于提升学习，还能帮助学生养成回答问题的习惯。即使很多学生可能不怎么喜欢测试，但他们的一生中总有几个节点需要与测试"打交道"。有的时候是参与某些类型的测试，但更多的时候则需要参与教育系统中的高风险测试。这些测试不太可能会消失，我们愿意打赌，驾照考试和专业人员的资格测试永远都会存在（试想一下，你真的想被一个没有营业执照的医生诊治吗？）。所以，教师不妨选择告诉学生测试的价值，帮助他们逐渐接受原本可能不怎么喜欢的测试。

某个类比同样可以说明这一问题。假设，你有一个不喜欢吃蔬菜的孩子，我们都知道孩子（与成人）应该多吃蔬菜以获得足够的营养。因此，一个可以帮助孩子吃蔬菜的办法是将蔬菜做成浓汤，或是针对那些被允许吃甜点的孩子，将蔬菜藏在他的餐后甜点里，比如布朗尼蛋糕中。这些都是帮助孩子增加蔬菜摄入量的好办法，不过（我们认为）绝大多数的家长可能不太会认可把蔬菜混在甜点里的做法。孩子需要学会正常地吃蔬菜，从而逐渐适应蔬菜成为日常饮食的一部分。

对待测试与测验也是同理。将提取练习"藏"在测试以外的、其他有趣的活动中是个不错的办法。不过，教授学生学会参与测试，让测试逐渐成为他们学习生活中的一部分也十分必要。这不仅能帮助学生建构起面向未来的良好学习习惯，同时也能让学生在参与大型的标准化测试时不会感到过度紧张和害怕。

测试的题型有何讲究？

在谈及测试时，有个问题总会被提起：测试的问题应该设置哪些类型？最为常见的两种题型是简答题与多项选择题。其中，前者要求学生自主思考、生成答案；后者要求学生在多个选项（通常设置 3 ～ 5 个选项）中选择最合适的答案。

有研究表明，简答题比多选题更能有效促进学习，因为这种题型要求学生自主生成答案（Kang, McDermott, & Roediger, 2007）。但从另一个角度来说，多选题则更容易设置与计分，这对于那些十分忙碌的教师来说尤为重要。那么，到底该选择哪种题型？

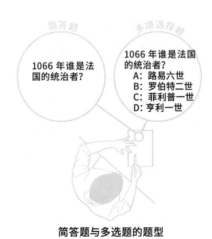

简答题与多选题的题型

不一定要局限在二选一上，其实，在测试中结合使用两种题型会是个不错的办法。如果教师能在电脑上管理测试题，那混合题型就是个可行的选择（Park, 2005）。换言之，学生可以先回答简答题，后回答多选题。

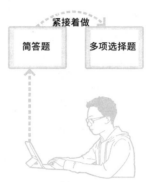

使用帕克研究中的混合题型

在学生答完题后，教师可以用电脑直接对多选题计分，并筛选出比较重要的一些简答题以做详细批阅。这种方法不仅对教师有利，也能帮助学生多练习不同的题型，逐步提高应试技巧。值得一提的是，如果无法用电脑对多选题进行直接统计，那使用气泡图同样可以处理多个班级的测试统计，或对包含大量问题的测试进行快速计分。而且，以我们的经验来说，无论是纸笔测试还是无纸化测试，多选题的计分始终比简答题容易且快速。

不过，琢磨测试应使用什么样的题型不值得耗费太多时间。梅根曾对这一问题做了一系列的实验，结果发现，间隔练习的不同形式对学习的影响差异是很小的。在实验中，学生被随机分组置于一些学习情境中，不同的组体验不同形式的间隔练习（Smith & Karpicke, 2014）。比如，有的学生需要回答多选题，有的学生需要回答简答题，还有一些学生则回答的是混合题型。而作为实验对照，研究者也设置了一个不回答任何问题的控制组。如此，实验正式展开。所有学生先阅读文本，后进行测试（控制组以外），而后再浏览所有问题的答案的解析报告。一周后，所有学生重新参与评估测试（详见下页图）。

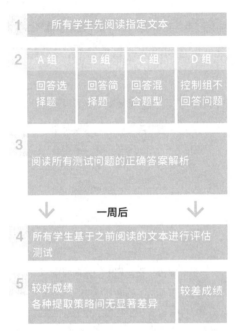

1	所有学生先阅读指定文本			
2	A组	B组	C组	D组
	回答选择题	回答简择题	回答混合题型	控制组不回答问题
3	阅读所有测试问题的正确答案解析			

↓　　一周后　　↓

4	所有学生基于之前阅读的文本进行评估测试	
5	较好成绩 各种提取策略间无显著差异	较差成绩

史密斯（Smith）与卡尔匹克（Karpicke，2014）的实验程序

教师在课堂中实施的任何形式的提取练习都能使学生受益。

在这场评估中，提取练习组的学生要比控制组的学生有着更好的表现。可见，提取练习的学习优势还是很明显的。然而，不同的提取形式对学习的影响差异很小。不少以大学生（Williams, 1963）、研究生（Clariana & Lee, 2001）和中学生（McDermott, Agarwal, D'Antonio, Roediger, & McDaniel, 2014）为样本的研究都得到了同样的结论。

总而言之，提取练习是种不错的学习策略。教师可以在课堂中循序渐进地尝试应用各种形式的提取练习，帮助学生从中获益。

提取练习与年幼儿童及学习难度

给学生一张白纸，让他们在纸上写出回忆的内容，这可以说是最简单的一种在课堂里实施提取练习的方式，且多实践于大学生的教学。但是，这不意味着提取练习总能导向促进学习的结果。例如，卡尔匹克（Karpicke）、布兰特（Blunt）、史密斯（Smith, 2014）曾以四年级的小学生为对象做过一次实验。

卡尔匹克与他的同事从学校中借了四年级用的科学课本，并对其中部分的学习材料做了调整，以便学生能够更容易地阅读。实验开始后，学生先阅读这些调整后的文本材料，后在白纸上尽可能多地写出自己记住的内容。虽然给予了所有学生充分的时间，但对四年级学生来说，要让他们记住刚才读过的内容似乎还是有些困难。这些学生平均仅能写出 9% 左右的信息（值得说明的是，在以大学生为样本、旨在证明提取可有效促进学习的实验中，学生至少能写出 50% 及以上的信息）。四天后，研究者又进行了一次学习评估。结果发现，参与回忆提取的学生并不比仅阅读文本的学生表现得更好。换句话说，增加额外的回忆任务不能促进学习。

回忆，复习，再回忆

事实上，这样的结果并不令人惊讶。如果是大学生尝试进行回忆，但他们无法回忆起什么实质内容，那同样不能从这一学习活动中获益。回忆本身不会有损学习，但学生需要努力使自己能够成功地回忆起关键信息。回忆结束后，为了使学习效果最大化，研究者提出如下建议：学生可以复习回顾课程学习材料，补充可能遗漏的信息。

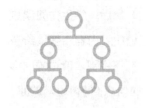

给予提示与指导的脚手架是助力提取成功的好方式。

我们一直期待并渴望实现上述过程。那么，教师可以做哪些事情以帮助学生进行成功的提取呢？理解这一问题对于教授那些需要更多指导与辅导的年幼学生来说尤其重要。

为了使提取练习能用于任何年龄段的学生以积极发挥其效用，教师需要确保学生顺利迈出提取信息的第一步。对此，搭建脚手架是一个不错的方式。它可用于任何学生，且对那些在一开始就感到回忆困难的学生来说尤其重要。

例如，同样以四年级的学生为研究对象，卡尔匹克与他的同事在另一场实验中测试了数种为提取练习搭建脚手架的方式。为了引导学生回忆起信息，研究者向所有学生呈现了关于某个主题的、呈现概念间关系的、部分完整的概念地图或图表。下页图便是实验使用的某个概念地图。

首先，学生根据概念地图中每个方框周围的提示信息填写空白方框。接着，研究者撤除地图中的所有文字，让学生回忆信息，再次填完整张概念地图。通过使用这种为提取搭建脚手架的方式，这批四年级的学生在之后的学习评估中果然获得了比之前依靠自由回忆更好的学习成绩。而后，研究者设置控制组以对比确认这一搭建脚手架的程序能否真的促进学习。

已知概念地图的脚手架可以帮助学生成功地提取信息，研究者便增设了一个实验以对比有指导的提取活动和无指导的控制组之间的区别。具体来说，学生需要先完成一张有文本信息提示的问题地图（详见下图），后填写另一张没有任何信息提示的问题地图。两张地图均完成后，研究者再将实验组的情况与

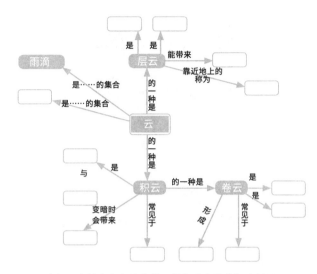

卡尔匹克等人在实验中使用的部分完整的概念地图

仅连续阅读两遍文本的控制组进行对比。

在之后进行的学习评估中，实验组的学生明显比仅阅读文本的控制组能记住更多的信息。两者的差异正是在于是否使用了概念地图来支持进行提取练习。所以，虽然用一张白纸来进行提取练习并不能比单纯阅读更有效地促进学习，但恰当地使用可助力的脚手架则能使提取练习为学习带来更多益处。

总的来说，上述实验说明了提取练习可为多种年龄段与能力的学生带来益处。但对于一些学生来说，在白纸上写出自己的已知也许是一项令人沮丧的学

卡尔匹克等人在实验中使用的空白的概念地图

卡尔匹克等人所做的实验三的实验程序

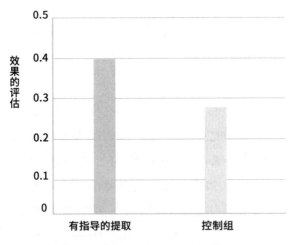

卡尔匹克等人所做的实验三的实验结果

习任务，很难从中实现成功的提取。因此，为了增加提取成功的可能性，教师可以使用上述展示的概念地图等脚手架工具以支持学生的提取活动。在脚手架的辅助下，学生可以成功地从记忆中提取出有用的相关信息，并逐渐摸索出一套适合自己的提取方法。

提取练习应用中的挑战

想要将提取练习融入至课堂不是一件容易的事。其中一个挑战便是要在学生学习的过程中，努力维持提取活动的难度与提取成功之间的平衡。进一步地说，充分发挥这一学习活动的优势的关键在于：既要确保学生从记忆中提取信息的过程有一定的难度，又要使学生能够相对成功地实现提取。所以，教师需要考虑如何在提取难度与提取成功之间建立并维持一种健康的平衡关系。

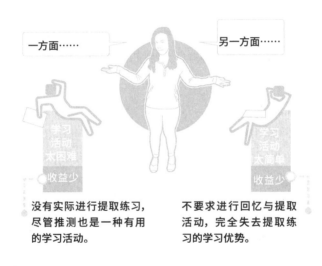

一方面……   另一方面……

学习活动太困难   学习活动太简单

收益少   收益少

没有实际进行提取练习，尽管推测也是一种有用的学习活动。   **不要求进行回忆与提取活动，完全失去提取练习的学习优势。**

充分发挥提取活动的优势的关键在于：既要确保学生从记忆中提取信息的过程有一定的难度，又要使学生能够相对成功地实现提取。

一方面，如果学习活动的难度太大，那学生就不能生成任何有用的信息，无法真正经历提取练习，从中获益。有研究指出，失败的提取尝试同样能促进学习，即对那些无法正确回答的问题进行推测，这一过程会对学习有益（Kornell, Hays, & Bjork, 2009; Potts & Shanks, 2014）。然而，教师应该不会希望自己的学生过于频繁地经历提取失败。

另一方面，如果学习活动过于简单，不要求学生进行回忆与提取活动，那就彻底抹除了提取练习的优势。例如，我（雅娜）确信学生能够成功地完成下述提取活动：先给学生看三个单词，后遮住内容，并在五分钟后要求他们写出这三个单词。然后从书中挑选三个单词重复上轮步骤。试想一下，如果按照这个循环进行下去，那么学生终能做到"提取"整本书。但这么做真的能使学生回忆，并成功地将记忆中的信息提取至思维吗？恐怕不能。所以，教师需要对学生的提取活动进行监控，并根据具体情况及时调整提取的难度，帮助学生实现成功的提取（详见第十一章"给教师的建议"）。

创设好的多选题

当多选题的设计是良构的，这些题目就会与简答题一样可助力提取练习（Little, Bjork, Bjork, & Angello, 2012）。教师可以格外关注一下这种题型的建构以提升问题促进学习的可能性。值得一提的是，只有当题目的选项是合理的、且涉及让学生从记忆中提取答案的相关信息时，这种题型才能最大限度发挥促进学习的效用。换句话说，如果只是让学生在几个相似的答案中选来选去，那就没有什么太大意义。所有的问题选项，包括正确与不正确的答案，至少都应是合理的（Butler, 2017）。

举个极端例子吧。假设有一名历史教师向学生提出了这样的问题：第二次世界大战期间，原子弹被投在了日本的什么地方？如果这个问题的几个选项分别是广岛、纽约、波士顿与费城，那学生根本就不需要进行信息提取——他们很容易就能选出"广岛"这个正确答案，因为其他选项全部都是美国的城市。然而，如果选项全部改成日本的几个城市，学生可能就需要进行提取，从记忆中找出能够回答这个问题的特定的城市。有时候，问题的设置可能会更"狡猾"，即选项中包含了对其他问题来说是正确的、但不适用于本问题的答案。比如，某个问题让学生回答黎巴嫩的首都，而另一个问题则要求学生回答土耳其的首都。如果两个问题的选项中同时包含了贝鲁特与伊斯坦布尔，那学生可能就无法立刻选出针对其中某一问题的确切答案，因为这两个城市都是学生熟悉的地方。

　　想要将提取练习与课堂教学相融合，另一个需要面临的挑战就是提供反馈。如上所述，提取练习对学习有着直接影响。因此，单从这个角度来说，反馈并不总是必要的。然而，换个角度考虑，反馈能使提取练习变得更有效，那教师在条件允许的情况下就应积极地向学生提供反馈。不过，这也意味着会给教师带来额外的工作负担，且对即时反馈来说，由于某些问题的答案不能被简单地分数化，提供反馈的难度也会随之增加。

　　针对反馈时机这一点，有不少研究都主张即时反馈是最有效的［大多在以动物为研究对象的文献中被验证（Bouton, 2007）］，但关于最佳的反馈时机的研究结论并不统一。有的研究亦发现延迟反馈对学习者最有益处（Butler, Karpicke, & Roediger, 2007; Mullet, Butler, Berdin, von Borries, & Marsh, 2016），因为延迟会促成间隔（详见第八章）。换言之，虽然最佳时机难以下定论，但提供反馈肯定比没有反馈好——而且，即使不能提供即时反馈，也无需过度烦恼。

　　再者，关于反馈类型，最有效的反馈类型应取决于提取练习的类型。例如，在提取练习中加入多选题的做法常会引发某种担忧：学生可能会选到他们认为正确、但实际却是错误的答案，从中学到了错误的内容。不过，相关研究已表明，提供纠正式的反馈可有效抵御这种潜在的消极影响（Butler & Roediger, 2008; Marsh, Roediger, Bjork, & Bjork, 2007）。

　　换个角度思考，不使用多选题其实也不能完全避免这样的潜在影响。因为学生在回答简答题的时候，同样有可能会生成（并学习）错误的信息。另外，有研究发现，许多大学生其实并不擅长对比自己的答案和标准答案，同时也不善于判断自己的答案的对错（Rawson & Dunlosky, 2007）。基于此，学生这种可能的错误理解就十分需要教师纠正及提供指导。

　　由于我们在工作中接触到的大多是面向独立型学习者发展的学生，因而我们还会面临第三个挑战：鼓励学生在家中多进行提取练习的学习活动。这一挑战其实不"特"属于提取练习，因为鼓励学生使用任何一种有效学习策略的举措本身就是一件困难的事。某项关于大学生的调查研究发现，大学生不会经常使用如提取练习等被论证为有效的学习策略，相反，他们更倾向于使用如重复阅读这种被视为不怎么有效的策略（Hartwig & Dunlosky, 2012; Karpicke, Butler, & Roediger, 2009; Kornell & Bjork, 2007）。

　　对学生而言，他们之所以不喜欢提取练习，可能是因为这种学习策略从直观上来看，似乎并不能带给他们想要的那种学习效果。例如，我们在第三章中曾介绍过某一研究，该研究先让大学生阅读某一文章，随后将学生分成两组，一组学生继续重复阅读四遍文章，另一组学生则安排进行三次提取练习，也就是让学生在白纸上分三次写出他们能记住的文章中的信息（Roediger & Karpicke, 2006, 实验二）。在该研究设定的提取情境下，学生没有被给予任何反馈或再学习的机会。第一次，他们需要在白纸上写出所有能够记住的内容。随后拿到一张新的白纸，开始进行第二次的提取练习。接着，在下一张白纸上完成第三次的提取练习。最后，研究者要求所有学生预测他们在一周后的测试中的表现情况。

　　结果表明，阅读四遍文章的学生在预测自己的测试表现时比提取练习组的学生更为自信。所以，如果定格在这一结果上，我们也许就会认为重复阅读策略要比提取练习更有效。毕竟，重复阅读组的学生"自认为"会比提取练习组的学生在即将到来的测试中，得到更出色的成绩。

　　然而，在一周后的测试中，重复阅读组的学生成绩却远比他们预测的要糟糕，提取练习组的学生的表现则比他们预期的要好一些。这说明，被学生不太看好的学习策略实际上反而是最好的。另外，有个现象值得关注：重复阅读教科书或笔记可能会使学生在预测学习时变得过于自信。重复阅读虽然能增进学生对信息的熟悉，但这种熟悉度不意味着学生能够在测试中生成信息或将已学应用到新的情境中。在第十二章中，针对越来越具有独立性的学生，我们会提供更多关于如何使用提取练习的相关建议，并给予一些诚恳的忠告，即不要落入"自我感觉良好"的陷阱中。

提取练习虽然会令人感到困难，但更为重要的是，不要落入"自我感觉良好"的陷阱中。

本章小结

尽管测试最常服务于评估目的，但在本章中，我们介绍了另一种关于测试的鲜为人知的益处，即学生在进行测试的同时亦在进行提取练习，而提取练习的过程有助于生成学习。提取活动本身就是记忆的强化，它可以使信息在之后变得更易提取（更易记忆）。另外，提取练习对于促进高阶的意义学习也很有益处，比如它能帮助学生将信息迁移至新的环境或在新的情境中应用已有知识。总的来说，提取练习是一种强力的、可促进意义学习的有效方式，也相对地易于在实际的课堂教学中推行实施。

参考文献

Abbott, E. E. (1909). On the analysis of the factors of recall in the learning process. *Psychological Monographs*,11,159–177.

Blunt, J. R., & Karpicke, J. D. (2014). Learning with retrieval-based conceptmapping. *Journal of Educational Psychology*, 106, 849–858.

Bouton, M. E. (2007). *Learning and behavior*: *A contemporary synthesis*. Sunderland, MA: Sinauer Associates.

Butler, A. C. (2017, October). Multiple-choice testing: Are the best practicesfor assessment also good for learning? [Blog post]. *The Learning Scientists Blog*.

Butler, A. C., & Roediger, H. L. (2008). Feedback enhances the positive effectsand reduces the negative effects of multiple-choice testing. *Memory & Cognition*, 36,604–616.

Butler, A. C., Karpicke, J. D., & Roediger, H. L. (2007). The effect of type and timing of feedback on learning from multiple-choice tests. *Journal of Experimental Psychology: Applied*, 13, 273–281.

Carpenter, S. K. (2011). Semantic information activated during retrieval contributes to later retention: Support for the mediator effectiveness hypothesis of the testing effect. *Journal of Experimental Psychology: Learning, Memory, & Cognition*, 37, 1547–1552.

Clariana, R. B., & Lee, D. (2001). The effects of recognition and recall study tasks with feedback in a computer-based vocabulary lesson. *Educational Technology Research & Development*, 49, 23–36.

Duchastel, P. C. (1979). Retention of prose materials: The effect of testing. The *Journal of Educational Research*, 72, 299–300.

Glover, J. A. (1989). The "testing" phenomenon: Not gone but nearly forgotten. *Journal of Educational Psychology*, 81, 392–399.

Hartwig, M. K., & Dunlosky, J. (2011). Study strategies of college students: Are self-testing and scheduling related to achievement? *Psychonomic Bulletin & Review*, 19, 126–134.

Hinze, S. R., & Rapp, D. N. (2014). Retrieval (sometimes) enhances learning: Performance pressure reduces the benefits of retrieval practice. *Applied Cognitive Psychology*, 28, 597–606.

Izawa, C. (1966). Reinforcement-test sequences in paired-associate learning. *Psychological*

Reports, 18, 879–919.

Kang, S. H. K., McDermott, K. B., & Roediger, H. L. (2007). Test format and corrective feedback modulate the effect of testing on memory retention. *The European Journal of Cognitive Psychology*, 19, 528–558.

Karpicke, J. D., & Blunt, J. R. (2011). Retrieval practice produces more learning than elaborative studying with concept mapping. *Science*, 331, 772–775.

Karpicke, J. D., Butler, A. C., & Roediger, H. L. (2009). Metacognitive strategies in student learning: Do students practise retrieval when they study on their own? *Memory*, 17, 471–479.

Karpicke, J. D., Blunt, J. R., Smith, M. A., & Karpicke, S. S. (2014). Retrieval based learning: The need for guided retrieval in elementary school children. *Journal of Applied Research in Memory and Cognition*, 3, 198–206.

Kornell, N., & Bjork, R. A. (2007). The promise and perils of self-regulated study. *Psychonomic Bulletin & Review*, 14, 219–224.

Kornell, N., Hays, J., & Bjork, R. A. (2009). Unsuccessful retrieval attempt senhance subsequent learning. *Journal of Experimental Psychology: Learning, Memory, and Cognition*, 35, 989–998.

Lehman, M., Smith, M. A., & Karpicke, J. D. (2014). Toward an episodic context account of retrieval-based learning: Dissociating retrieval practice and elaboration. *Journal of Experimental Psychology: Learning, Memory, and Cognition*, 40, 1787–1794.

Little, J. L., Bjork, E. L., Bjork, R. A., & Angello, G. (2012). Multiple-choice tests exonerated, at least of some charges: Fostering test-induced learning andavoiding test-induced forgetting. *Psychological Science*, 23, 1337–1344.

Marsh, E. J., Roediger, H. L., Bjork, R. A., & Bjork, E. L. (2007). The memorial consequences of multiple-choice testing. *Psychonomic Bulletin & Review*,14, 194–199.

McDermott, K. B., & Arnold, K. M (2013). Test-potentiated learning: Distinguishing between direct and indirect effects of tests. *Journal of Experimental Psychology: Learning, Memory, and Cognition*, 39, 940–945.

McDermott, K. B., Agarwal, P. K., D'Antonio, L., Roediger, H. L., & McDaniel, M. A. (2014). Both multiple-choice and short-answer quizzes enhance laterexam performance in middle and high school classes. *Journal of Experimental Psychology: Applied*, 20, 3–21.

Mullet, H. G., Butler, A. C., Berdin, B., von Borries, R., & Marsh, E. J. (2014). Delaying feedback promotes transfer of knowledge despite student preferences to receive feedback immediately. *Journal of Applied Research in Memory and Cognition*, 3, 222–229.

Nunes, L., Smith, M. A., & Karpicke, J. D. (2014, November). *Matching learning styles and retrieval activities*. Poster presented at the 55th Annual Meetingof the Psychonomic Society, Long Beach, CA.

Park, J. (2005). Learning in a new computerised testing system. *Journal of Educational Psychology*, 97, 436–443.

Potts, R., & Shanks, D. R. (2014). The benefit of generating errors during learning. *Journal of Experimental Psychology: General*, 143, 644–667.

Putnam, A. L., & Roediger, H. L. (2013). Does response mode affect amount recalled or the magnitude of the testing effect? *Memory & Cognition*, 41,36–48.

Rawson, K. A., & Dunlosky, J. (2007). Improving students' self-evaluation of learning for key concepts in textbook materials. *European Journal of Cognitive Psychology*, 19, 559–579.

Roediger, H. L., & Karpicke, J. D. (2006). Test-enhanced learning: Taking memory tests improves long-term retention. *Psychological Science*, 17, 249–255.

Roediger, H. L., Putnam, A. L., & Smith, M. A. (2011). Ten benefits of testing and their applications to educational practice. In J. Mestre & B. Ross (Eds.), *Psychology of learning and motivation: Cognition in education*, 1–36. Oxford: Elsevier.

Smith, A. M., Floerke, V. A., & Thomas, A. K. (2016). Retrieval practice protects memory against acute stress. *Science*, 354(6315), 1046–1048.

Smith, M. A., & Karpicke, J. D. (2014). Retrieval practice with short-answer, multiple-choice, and hybrid formats. *Memory*, 22, 784–802.

Smith, M. A., Roediger, H. L., III, & Karpicke, J. D. (2013). Covert retrieval practice benefits retention as much as overt retrieval practice. *Journal of Experimental Psychology: Learning, Memory and Cognition*, 39, 1712–1725.

Smith, M. A., Blunt, J. R., Whiffen, J. W., & Karpicke, J. D. (2016). Doesproviding prompts during retrieval practice improve learning? *Applied Cognitive Psychology*, 30, 544–553.

Williams, J. P. (1963). Comparison of several response modes in a review program. *Journal of Educational Psychology*, 54, 253–360.

第四部分
给教师、学生和家长的建议

第十一章
给教师的建议

间隔练习

教师可通过两种方式在课堂中引入间隔练习：
1. 在学期中（时间间隔）或在某节课中（交错呈现）创设让学生回顾已学知识的机会；
2. 帮助学生创建他们自己行之有效的学习规划。

精细加工

鼓励学生进行精细加工，帮助他们提出与所学相关的"如何"以及"为什么"的问题。帮助学生思考问题的答案，并在学习材料中尝试实验证答案的准确性。

向学生提供反馈，解释问题与学习内容之间的相关性以及深度，引导学生独立使用策略。

具体例子

呈现某个抽象概念时，最好使用一个以上的具体例子来辅助解释。

如有可能，呈现的例子应包含不同的表面细节，以帮助学生归纳概念。

双重编码

让学生比较教科书中的图示及其对应文本，了解呈现的信息的异同。让学生尝试用文字来描述图示，或根据文字来绘制视觉表征。

提取练习

教师可以在任何学习活动中加入提取练习。实施的关键是确保学生能将记忆中的信息提取至思维。

经常进行低风险或无风险测试是在课堂中推广提取练习的有效方式。经常性的测试可以降低总体的测试风险程度，使学生逐渐适应测试并减少焦虑。

以认知心理学的相关研究为支持的学习策略皆可为想要提升学生学习的教师所用，从而改善课堂教学。本书的第三部分已介绍了规划学习、发展理解能力以及强化学习的相关策略，那么在这一部分中，我们将探讨教师在课堂中实施这些策略的办法。

间隔练习（规划学习）

教师可通过两种方式在课堂中引入间隔练习：（1）在学期中（时间间隔）或在某节课中（交错呈现）创设让学生回顾已学信息的机会；（2）帮助学生创建他们自己行之有效的学习规划。

如何在课堂中实施间隔练习？

在课堂中实施间隔练习需要考虑很多因素：教师的教授学科、学生的年龄与理解水平、教师用于规划教学的时间以及课程本身的弹性。相应地，教师能在教学上做出改变的程度亦有大有小，大到彻底调整课程计划，以在本学年内螺旋式地覆盖所有学习内容；小到仅是简单地在课程中实施一些间隔练习的学习任务。一般来说，我们推荐实施后者，因为小改变所能引起的大影响往往要比大改变在生成影响的同时，还可能导致大成本消耗、产生新问题，更能令人接受［详见詹姆斯·朗（James Lang）在 2016 年所著的《小教学》（*Small Teaching*）中更多关于教学微调的例子］。基于此，我们提出了以下实践建议：

◇提供延迟性的作业，即在某一主题的教学结束一段时间后再布置相关作业。

◇在新课程中加入已学内容的简要回顾（Benney, 2016）。

◇给予学生回顾已学内容的机会——配合间隔测验最为有效。

如何促使学生间隔安排他们的学习？

要让学生实际使用间隔练习是很难的。回忆一下最近一次提前为某事制订计划的过程吧。先创建时间表，然后实施。然而，即使是如此简单的两个步骤，在实施时却依旧十分困难。这种困难对每个人都是成立的——不仅是学生与教师，亦会出现在儿童与成年人中。因为人总是不善于提前规划并为之贯彻到底，时间管理对每个人来说都是个大问题。因此，想要让学生做好学习规划，其中一种方式就是让他们根据自己的时间来创建真实可行的学习计划。为此，我们尝试了以下几种方法：

其一，让学生填写一周或两周的时间日志，要求写出在每天的每个小时中计划做的事。我们在这里使用的是简单的每周计划，这可以让学生了解他们将如何使用本周时间。

其二，当学生至少坚持实施日志达到一周时，让他们反思还有哪些可以用来补充学习的剩余时间。

其三，让学生在自己的规划工具或记事本（甚至是他们最喜欢的日程 APP）中锁定本周内计划用于学习特定主题的时间段——即使只是一点点时间。

其四，保持对学生学习状态的追踪，确认他们是否在坚持实施规划。要求学生写出真正的学习时间，并回答下述一些问题：花费了多长时间学习？学习效率如何？在学习的时候实际做了哪些事情？是否觉得自己能够坚持完成学习任务？

其五，在班级内开展大讨论，让学生积极探讨关于学习规划会如何对每个人发挥作用。通过与班内其他同学的交流，学生将意识到自己不是唯一在努力坚持实施规划的人，这会给每个人都带来一种安慰或鼓励。

其六，帮助学生调整他们的规划。可思考以下几个问题：哪些安排是有效的？哪些没用？对每个学生来说，什么才是最有效率且真实可行的学习规划方式？

学生每天应学习多少内容？好吧，如果考虑的是内容底线——那么，除非测试来临，否则学生不会给自己设置最低的学习要求——底线的存在基本没用。最近，我们在英格兰交流学习的时候，与当地 14～15 岁的学生有过一次谈话。我们让他们拿出学习日程的规划工具，并在其中注明每周要坚持学习3～4 天，这个学习时长在我们看来是比较合理的。我们告诉他们：即使每天只学了 5 分钟，且这个 5 分钟是能坚持的最长的学习时间，那也很好。为什么，可以猜猜。很简单，5 分钟就是比 0 分钟要长。所以，就把 5 分钟纳入到学习日程里去吧，然后看看能不能坚持它。顺便说一下，我们大多数学生都习惯于每日学习 15 分钟或更多的时间。

值得说明的是，上述关于帮助学生进行学习规划的方法中，第四种方法

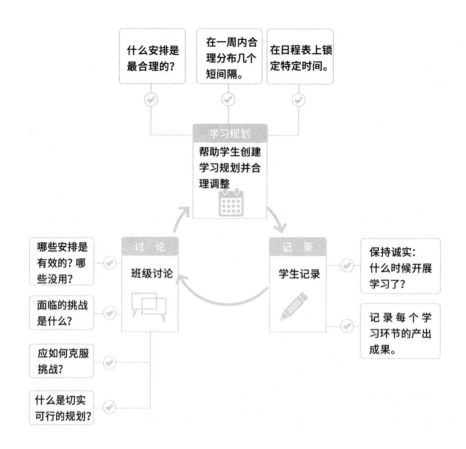

很关键。也就是要保持对学生学习状态的追踪，确认他们是否能够坚持实施规划，并观察他们在每个学习时间段内真正做了哪些事情。下面的一些问题值得关注：学生是不是花了 20 分钟仅重复阅读他们的笔记（详见后两章关于解释为什么这种做法不是最有效的学习策略的相关说明）？学生在这 20 分钟里是不是使用了有效的学习策略？学生是全神贯注还是昏昏欲睡？

另外，还有一些现象可能会在学生身上出现。比如，他们可能会觉得熬夜学习的效果不太好，或在下午学习是件很难坚持的事，但在上公交车前的 10 分钟或在足球训练开始前的 10 分钟里进行学习，效果却出乎意料得好。当然，这取决于学生个人的学习习惯。一般来说，大学生总是承担着各种类型的外部责任，比如，有的需要抚养孩子，有的要照顾年老的父母亲人，而且，许多大学生在忙碌学习的同时也会在外做一些兼职工作。对这些学生来说，在自己的日程表里专门固定某一段时间是没有什么意义的，因为他们未必能按计划实施，所以，这些学生真正需要做的是调整。这也能间接说明保持对学生的学习状态的关注，并注意他们的学习规划是否真的有效十分重要。当然，教师也要给予学生反思和自我调整的机会，鼓励他们设计一个长期行之有效的学习规划。

在谈及如何帮助学生坚持实行规划时，目标与奖励设置的方法可以纳入考虑。很多学生对于坚持那些提前设定好的规划会感到困难，因此，如果有能帮助减缓拖延，使学生能够专注于计划实施的策略就好了。在这里，我们要介绍一种叫作"希望—结果—妨碍计划"（Wish Outcome Obstacle Plan, WOOP）的有效策略（Fallon, 2017）。这一策略的实践需要学生先厘清预期的结果以及实现结果时的可能感受（此处的"结果"指的是学到某些新信息或在测试中取得好成绩）。随后，更为关键的是，构想出某一具体的计划来克服那些可能妨碍计划实施的一些内部障碍。我（雅娜）曾和学生实验过这一策略，具体来说，是我让学生使用 WOOP 来制订他们的间隔练习学习计划。结果，我发现学生很难凭自己想出用于规避障碍的具体策略。他们可能会写出自己遇到的障碍，如"想偷懒"，并设想克服障碍的计划，如"告诉自己不要犯懒"，但这明显还不够。这时候，教师就可以帮助学生完善计划，使他们的计划更具体。

发展理解能力

精细加工

◇为了鼓励学生进行精细加工，可以帮助学生提出一些与他们所学相关的"如何"以及"为什么"的问题。接着，帮助学生思考问题的答案，并尝试在学习材料中验证答案的准确性。另外，提供相关反馈，向学生解释问题与学习内容之间的相关性以及深度等方面信息，可帮助学生更独立自主地使用精细加工的策略。

◇让学生提问那些能够详细比较同一主题下的各种不同观点的问题。比如，某两个设计良好的、关于比较的问题是这样的："这两个观点有什么相似之处？""这两个观点有什么不同之处？"

◇鼓励学生在新知识与已有记忆或经验之间建立联系，并尝试对观点进行比较分析，了解不同观点的相似与差异之处。

◇可用精细询问来帮助学生发展理解能力——这一策略并不总是必要的，尤其是在首次引入某一教学主题的时候。不过，学生虽然会在刚开始使用的时候觉得比较困难，但在经过反复练习后，学生将逐渐能从提问和回答相关的"如何"以及"为什么"的问题中受益。

具体例子

◇呈现某个抽象概念时，最好使用一个以上的具体例子来辅助解释。如有可能，呈现的例子应包含不同的表面细节，以帮助学生从例子中对概念进行归纳。

◇为了确保学生能够真正地理解具体例子是如何解释抽象概念的，教师可帮助学生建构例子中所包含的不同的表面细节与其背后概念之间的联系。这通常是学生感到最困难的部分。

◇不要想当然地认为学生会知道例子中的哪个部分与学习内容最为相关或贴近——教师应向学生提供清晰的解释。

◇使用视觉型（如用图片加以解说）和言语型的例子——详见下述关于如何有效使用这两种例子的相关说明。

双重编码：如何有效地利用视觉信息

◇让学生比较教科书中的图片及其对应的文本。了解它们呈现的信息有哪些地方相似？又有哪些地方不同？

◇让学生尝试用文字来描述图片，或根据文字来绘制视觉型表征。

◇帮助学生从记忆中提取信息并绘制视觉型表征——将双重编码与提取练习相结合（详见第十章）。

基于梅耶（Mayer）与莫雷诺（Moreno, 2003）的研究，我们提出了以下几个关于在多媒体学习中减少认知负荷的相关建议：

（1）放慢文字与图片的呈现速度，并将这些内容细分成不同的组块。这样一来，学生能更好地集中于小分量的视觉与言语信息。同时，在不同的组块之间留下一些空白，以帮助学生在步入下个组块的学习之前，充分地加工目前所学组块中的信息。

（2）如果内容的组块化难以实现，那在向学生呈现完整的言语与视觉信息前，让学生提前学习大系统中的各个小成分。例如，如果学生正在学习汽车的刹车是如何运作的，那他们就需要先学习每个零件是如何独立工作的，后整体地学习刹车系统中所有的组成零件是如何共同运作的。在整体的学习中，教师可呈现图表及文字说明。

（3）如果呈现的图表附有文字描述，那文字信息应作为图表的一种叙述或解说。这样一来，学生便不用在关注图表的同时，还要费心去阅读文本。

（4）向学生同时呈现视觉信息与言语信息，如此，学生就不需要在集中关注某一种信息表征的同时，还要尝试处理另一种表征。如果言语信息的表征形式是口语的话，那就要注意边叙述边呈现视觉信息。简而言之，教师应鼓励学生建立视觉信息与言语信息之间的联系。

（5）移除冗余信息。例如，某位教师向学生呈现了一张附有文字的图，同时又口头描述了这张图。在这种情况下，移除文字内容或取消口头描述是较好的做法，从而避免学生加工重复的信息。因为，既用口语描述又用书面文字展示会消耗额外的认知加工资源。

（6）如有可能，请尽量减少无关的学习材料（像背景音乐或不必要的动画等）。同时，也请删去学习材料或例子中不怎么重要的部分，帮助学生减少认知负荷。*

---

*当学生被要求学习相关材料时（即这不是可选的学习活动），减少材料中的无关部分会变得尤为有效。当该学习活动具备可选性时，减少材料中容易引起兴趣的部分会减少学生与材料之间的交互。这是个实证问题！

（7）向学生提供线索以助其聚焦于学习活动中最重要的部分。例如，在观看一段视频前，教师应告诉学生注意视频中关于解释"为什么"的相关内容。

使用上述部分或所有的建议都能帮助学生在进行双重编码的过程中减少认知负荷的产生。不过，上述建议并不是关于如何实施双重编码的详细处方，我们仅提供了关于在何时、如何灵活且适当地使用双重编码的相关指导原则。请注意，部分原则是不能同时使用的，比如建议3和建议4。建议3指出图表信息的呈现可伴随文字信息的叙述，而建议4则指出要在同一页中呈现言语和视觉信息。如果教师同时实践了这两个建议，既呈现了书面文字，又提供了口语描述，那就会加重学生的认知负荷（详见建议5）。不过，教师可以先尝试使用建议3，然后在学生进行小组学习的过程中再使用建议4。当然，不仅仅是建议3和建议4，教师可以在不同的学习节点上使用不同的建议，间隔呈现将能更好地促进后续的学习！总的来说，在设计双重编码的学习活动时，谨慎决策是第一，认知负荷的概念铭记心中则是第二。

提取练习（强化学习）

教师可以在任何学习活动中加入提取练习。实施的关键是确保学生能将记忆中的信息提取至思维。

◇经常进行低风险或无风险测试是在课堂中推广提取练习的有效方式。经常性的测试可以使测试的总体风险程度降低，帮助学生逐渐适应测试并减少他们在高风险测试中的焦虑。

◇测试可以是多选题，也可以要求学生在白纸上写出他们能够记忆的所有内容。虽然测试的题型不太会影响学习，但教师在选择特定的题型时总会面临一些挑战（问题的可分级性，设计好的问题等）。因此，我们建议教师应在全面的优势和挑战分析下，选择最适用于所教班级的测试题型。

◇如果使用的是多选题，那要确保所有问题选项中的错误答案都是相关且合理的。如此，学生就无法通过排除法或仅是挑选眼熟的答案来得出正确的解答。

◇如果使用的是简答题，那就不要让学生聚焦于准确判断答案的对与错。教师不能仅单纯地提供正确答案，还应直接指明学生答题过程中反映出来的错误理解或迷思。

◇可在课堂中实施各种测试来推广提取练习。基于提取的学习活动涉及所有要求学生从记忆中将信息提取至思维的活动，因而正式的测试不是实践这种学习活动的唯一方式！

◇让学生在白纸上写出他们所知的一切，根据记忆创建概念地图、绘制图表，或向同伴、教师以及父母解释他们能够记住的内容。任何需要学习者将记忆中的信息提取至思维的活动都是基于提取的学习活动。

◇教师选择的提取方法应取决于教授的学生以及学生对学习内容的熟悉程度。

◇针对年幼一些的学生，或当学生学习的是那些难度较大的材料时，教师应给予他们更多关于提取练习的相关指导。在如上两种情况下，教师可为学生的提取任务搭建脚手架以助其在提取练习中有更好的表现。

◇搭建脚手架时，可给予学生部分完整的提取地图，或提供其他的一些可指导学生进行提取的提示线索。

◇监控学生的提取过程，确保提取练习的任务难度已维持在一个合适的水平上。如果学生需要回忆大量的信息并对此感到困难，那教师就应提供一些提示，帮助学生更好地进行回忆。如果学习活动过于简单，那教师就应撤除部分学习支持以提升任务难度。

◇给予学生清晰且具体的关于如何实施提取练习的相关指导，鼓励他们独立使用这一学习策略。然而，要让学生坚持使用提取练习是很困难的一件事，教师需要保持对学生学习状态的追踪，定期确认学生是否真的在坚持实施！

常见问答

在教授或测验相同内容之间应设置多长时间的间隔？什么是"最佳延迟"？

尽管有不少研究都曾致力于解答这一问题（Cepeda, Vul, Rohrer, Wixted, & Pashler, 2008），但针对初访问和／或初提取与再访问和／或再提取之间的"最佳"间隔时长却很难解释得清。一般来说，如果两次提取之间的间隔太近，那就会更类似于填鸭式学习，从而不会对学习产生积极效用。但如果两次间隔的时间太远，那有相当一部分的信息就可能会被遗忘，这使再提取的过程变得如同重新学习。值得一提的是，有一些使用精细算法的软件可以计算出各种情境下的"最佳延迟"间隔（Lindsey, Shroyer, Pashler, & Mozer, 2014）。我们也曾开发过类似工具的测试版以帮助教师规划复习和提取的时间安排。教师在使用该工具的同时，还可以写下自己在设计合适间隔之中的一些经验感想（Benney, 2016; Tharby, 2014）。不过，我们提供的建议更简单：给予学生更多复习提取重要信息以及需要长久记忆的学习材料的机会。

在我的班上，我让学生在课前先阅读，然后我再讲课。那我该什么时候安排测试以优化学习效果——课前还是课后？

这取决于你的目标以及阅读内容和课程之间的重叠程度。如果这两个学习环节完全重叠，那学生很快就会意识到这一点并停止阅读，除非你在课前对他们进行测试。如果这两者之间没有完全重叠，那较好的做法是留出一部分信息在阅读上，并结合课程内容用测试来对这两部分的学习进行巩固。在这种情况下，你可以灵活地安排测试的时间，逐渐使测试成为每堂课的惯例。在最近的文章中，雅娜和同事研究了测试应安排在课中还是课后的相关问题（Weinstein, Nunes, & Karpicke, 2016），结果发现课前或课后对长期学习没有什么实际影响。

另外，在某些课程开始之前或结束之时，进行一些预期外的小测验也是个能确保学生按时上课且上完整堂课的好办法。如果允许的话，也可以考虑在小测验中加入一些以前教过的或每堂课读过的内容，为学生创设进行间隔练习的良好机会！

如果关于某个主题我提出了十个问题，这能强化学生关于这整个主题的知识吗？还是说强化的仅是我提问的内容？

不幸的是，这一问题并没有直截了当的答案。这是一个更为复杂的、涉及将已学信息"迁移"至新问题或新情境的问题。尽管迁移在某些情境下是可能实现的，但实际却很难达成。事实上，有研究者曾研究过相似的问题情形（Wooldridge, Bugg, McDaniel, & Liu, 2014），他们测试了学生在学习之前不了解新信息时的表现，发现突出（信息）显示的策略在提升学生学习的作用上变得无效。因此，若想强化学生关于整个主题的知识，使用提取练习的策略让学生尽可能多地提取信息会更有效。

如果测试有助于学生学习正确的信息，那当学生提取到错误答案时，会不会强化他们的错误理解或迷思？

你可能会对这一问题的否定答案感到惊讶。测试通常不会强化学生的错误理解——只要教师在学生提取错误答案后及时提供反馈。这和不进行任何提取尝试而仅提供正确答案的做法相比，在学生提取了错误答案后，给予相关的反馈将更能使学生获益。在某项关于词汇学习的系列研究中，学生先对他们完全不了解的单词进行猜测——他们的猜测毫无根据（Potts & Shanks, 2014）。结束猜测后，他们会在反馈中得知正确的答案。随后，研究者对学生进行了测试，结果发现，相较于无猜测而仅查看单词含义的控制组，实验组学生更能识别出那些他们之前猜错的、但在反馈中知晓正确答案的词汇含义。

不同年龄或能力的学生应如何进行提取练习？小学生能从提取练习中学习吗？

提取信息似乎对各个领域皆很有效。然而，使用提取练习的方式应取决于学生的能力及其背景知识。如果学生无法提取信息，那这一策略就不可能发挥作用。相关研究表明，十岁左右（四年级）的学生在进行提取时，比更年长一些的学生需要更多的指导（Karpicke, Blunt, Smith, & Karpicke, 2014）。在该研究中，这群十岁的学生做不到在白纸上写出很多刚刚阅读过的内容。但是，他们能够基于面前的文本内容回答问题，并在脱离文本后依旧成功地做到这一点。另外，想要提取练习的效果最大化，还需要考虑提取任务的难度与学生得以成功提取的可能性之间的平衡（Smith & Karpicke, 2014）。提取练习本身是困难的，但一定水平的难度能帮助学生提升学习。不过，如果设置得太难而使学生无法提取，那提取练习自然会失去效用。最后，对于新学习某一主题的学生，或对生成阅读信息感到吃力的学生来说，脚手架是个能帮助提升提取效率的有效方式。值得注意的是，一定间隔的提取将有助于学生达成更好的学习效果。

参考文献

Benney, D. (2016, October 16). (Trying to apply) spacing in a content heavy subject [Blog post].

Cepeda, N. J., Vul, E., Rohrer, D., Wixted, J. T., & Pashler, H. (2008). Spacing effects in learning a temporal ridgeline of optimal retention. *Psychological Science*, 19, 1095–1102.

Fallon, M. (2017). Guest Post: WOOP your way forward – a self-regulation strategy that could help you get ahead and stay ahead [Blog post]. *The Learning Scientists Blog*.

Karpicke, J. D., Blunt, J. R., Smith, M. A., & Karpicke, S. S. (2014). Retrieval based learning: The need for guided retrieval in elementary children. *Journal of Applied Research in Memory and Cognition*, 3, 198–206.

Lang, J. M. (2016). *Small teaching: Everyday lessons from the science of learning*. San Francisco: John Wiley & Sons.

Lindsey, R. V., Shroyer, J. D., Pashler, H., & Mozer, M. C. (2014). Improving students' long-term knowledge retention through personalized review. *Psychological Science*, 25, 639–647.

Mayer, R. E., & Moreno, R. (2003). Nine ways to reduce cognitive load inmultimedia learning. *Educational Psychologist*, 38, 43–52.

Potts, R., & Shanks, D. R. (2014). The benefit of generating errors during learning. *Journal of Experimental Psychology: General*, 143, 644–667.

Smith, M. A., & Karpicke, J. D. (2014). Retrieval practice with short-answer, multiple-choice, and hybrid formats. *Memory*, 22, 784–802.

Tharby, A. (2014, June 12). Memory platforms [Blog post]. *Reflecting English Blog*.

Weinstein, Y., Nunes, L. D., & Karpicke, J. D. (2016). On the placement of practice questions during study. *Journal of Experimental Psychology: Applied*, 22, 72–84.

Wooldridge, C., Bugg, J., McDaniel, M., & Liu, Y. (2014). The testing effect with authentic educational materials: A cautionary note. *Journal of Applied Research in Memory and Cognition*, 3, 214–221.

第十二章
给学生的建议

间隔练习	精细加工	具体例子	双重编码	提取练习

提早开始规划：在学期的开始，甚至更早、离考试还有几个月的时候，就每天安排一部分时间用来学习。

提取练习是有难度，但必有收获。

注意，不要被那些会让你自我感觉良好的策略所愚骗。

当你尝试对正在学习的内容进行精细加工时，询问你自己关于"如何"以及"为什么"的问题，然后找到答案。

注意建立不同内容及观点之间的联系。

学习时可以尝试思考如何才能把所学的内容及观点转变成具体例子。

建立所学内容与鲜明的具体例子之间的联系，这样的联系可帮助理解。

当同种信息以两种形式呈现时（文字与图示），你就有两种记忆该信息的方式。

结合使用视觉与言语信息更能提高学习效率。

在自主学习中，你可以利用提取练习来促进学习。

实施的关键是确保你能将记忆中储存的已学信息提取至思维。

自学的学生可使用规划学习、发展理解能力以及强化学习的策略以使其自主学习变得更为高效。在这里，我们将提供一些实践方面的建议，帮助学生在自主学习时更好地应用有效的学习策略。当然，除了学生可以使用这些建议，教师与父母也可利用本章内容来指导学生创设有效的自主学习环节。

间隔练习（规划学习）

间隔练习与填鸭式学习是两种截然不同的学习方式。当你选择"填鸭"时，通常是在测试临近前进行一段长时间的、高强度学习。而当你对学习进行间隔规划时，你需要将同等的时长间隔分布在更长的一个时段内。从结果来说，同等时间总量的学习在间隔中能产生更持久的学习效果。例如，将五个小时分摊于两周之中的学习效果肯定要优于考前五个小时的"集中突击"。不过，间隔练习也意味着提前规划，你不能在考前的最后一分钟才决定开始对你的学习进行间隔规划。

如何规划间隔练习？

◇提早开始规划——在学期的开始，甚至更早、离你的测试还有几个月的时候，就每天安排一部分时间用来学习。如果你是那种习惯考前"抱佛脚"的人，那刚开始这么做的时候也许会感到奇怪或不适应。但只要你坚持，就一定能适应这个能让你受益终身的新习惯。

◇复习所学，但不要安排在课后。一个比较好的做法是：预留课程结束后的某天，设置一些时间专门回顾课程内容。例如，如果你的课程安排在周一、周三和周五，那你就可以在周二、周四以及周六规划一部分时间用来复习所学。

◇间隔练习不意味着你在考前不需要安排学习。在考前你应该坚持学习——只不过不仅仅是在考前的那一刻"突击"，你可以在测试的几天、几周前就间隔安排你的学习。但无论是短期还是长期的提前规划，你都能在间隔练习的过程中花费更少的时间学到更多的东西。

当你坐下并准备开始学习时，你不能干坐着重复阅读你的笔记。相反，你应该尝试使用我们在本章中介绍的那些有效的学习策略。在你从最近的课堂中学到新知识后，你应该及时回顾、重温之前所学的内容，确保已学的重要知识不会被遗忘。

这看起来是很难实现的，因为你每天都在忘记一些信息。不过，遗忘其实也是一件好事！为了能从间隔练习中获益，你需要有一些遗忘。换言之，你的学习计划需要设置允许遗忘的小间隔（如几天），每次间隔学一点，最终便能形成大积累！

"不过，但是……填鸭式学习真的有效！"

当你读到这里，肯定会产生质疑，因为以你过去的经验而谈，填鸭式学习是真的很有用。没错，填鸭式学习是有效的，正如其名——在考前能快速将信息"填"到你的大脑中去，但这并不是一个好主意。虽然很难令人相信，但作为学生的你不妨想想长期学习。在你接受学校教育的漫长生涯中，你不仅需要记住当前所学，还要在这些知识成为已学时继续留存在记忆中。如果你仅是为通过一场测试而学，那在应对下一场测试时，你就需要花费双倍的努力——即使下一场测试仅发生在距离现在的几周后。换句话说，只要你持续这种无法长期维持的学习方式，这一问题就会变得越来越糟。因为，填鸭式的学习策略仅能在极短的时期内发挥效用，也就是现在。而对现在之后的未来，它会使你的学习变得更困难。而且，这一"未来"实际上要比你想的近得多。

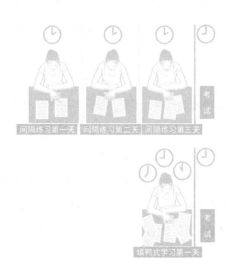

填鸭式学习至少会为你带来三个严重的问题:

第一,填鸭式学习实际耗费更多时间。仔细想一下:如果在相同时间总量的间隔练习中,你可以学到更多(如相较于一次性填鸭式学习花费 5 小时,间隔练习花费 5 小时还能为你多带来 1 小时的增益),为了达到与之同等水平的学习,你在填鸭式学习中就需要耗费更多时间。

第二,现在学得再快,之后也会遗忘。填鸭式学习也许能让你收获一个不错的成绩,但在测试以外的其他时间里你还会继续这种学习吗?若不有效利用,这些时间都将会被浪费。但若你采纳的是间隔练习,那测试后经历的遗忘就会相对较少。因为,无论你学的是什么——科学、数学、一门外语——未来的学习都取决于你之前的学习。从这个角度来说,如果你考一门忘一门,那到下一次测试的时候,你除了要记住新学的、更为复杂的知识,还得回头复习已学的知识,这就非常没有效率了!这一原则同样适用于学习未来的课程。课程之间总存在联系,未来要学的内容不仅基于过去已学,还能帮助你巩固已学知识。

填鸭式学习会严重干扰睡眠。睡眠不仅对学习十分重要(Mazza et al., 2016),对于维持人的身心健康也更为关键(Smith, Robinson, & Segal, 2016)。所以,从今天开始就养成一个健康的作息习惯,间隔安排学习吧!

注意: 你需要充分的睡眠

睡眠对学习是很重要的。缺乏睡眠会为你带来诸如体重增加、疾病风险升高等健康问题。同时,睡眠不足还会有损注意,对你的问题解决及决策制定过程产生负面影响(Smith, Robinson, & Segal, 2016)。而且,更关键的是,即使只是轻度的睡眠不足也会产生上述影响。有研究表明,如果每晚都缺少 1 ~ 2 小时的睡眠时间,健康与认知遭受损害的风险就会相应提升!换句话说,如果你每晚只睡 6 个小时,那你包含学习在内的认知功能就要"受苦"了。也有研究显示,在学习后进行充分的睡眠可提升之后的学习效率,特别是那些涉及信息理解与问题解决的学习任务(De Vivo et al., 2017; Mazza et al., 2016）。这就是为何我们会强调填鸭式的做法（与间隔练习相反）不利于学习的另一个原因。你的每次考前"突击"都会令你损失宝贵的睡眠时间。

发展理解能力

精细加工

询问你自己关于"如何"以及"为什么"的问题，然后找到答案回答问题。具体的问题设计，从某种程度上来说，应取决于你正在学习的主题（如 X 是如何发挥功效的？为什么 X 会发生？X 是什么时候发生的？是什么导致了 X 的发生？X 的发生所引起的结果是什么？等等）。下述是一些做法指导：

◇制作一张列表以涵盖所有你需要从课程材料中学习的内容。接着，浏览这份列表并询问你自己关于这些内容"如何"以及"为什么"的问题。当你提问自己时，你可以浏览课程材料（如你的教科书、课堂笔记、教师提供的其他材料等），并尝试从中找到答案。

◇当你尝试对正在学习的内容进行精细加工时，注意建立不同内容及观点之间的联系，并解释它们是如何联系彼此的。一个比较好的做法是拿出两个观点，然后思考这两个观点有何相似，又有何不同。

◇尝试描述你正在学习的内容是如何与你自己的生活经历或记忆相联系的。另外，当你回顾某一天的经历时，应注意那些发生在身边的事，尝试建立所学内容与这些事件之间的联系。这种做法除了有助于发展理解能力，还能促进另一个极为有效的过程——维持间隔练习。

◇总的来说，我们建议你在学习课程材料时，使用精细询问的学习策略。在刚开始的时候，你可以利用课程材料来辅助学习进程，在精细加工中逐步填补知识信息。之后，你应努力以自己的方式，脱离课程材料来描述并解释所学内容。换言之，你应尝试提取信息。

◇当你在学习时，可以尝试思考如何才能把你所学的内容及观点转变成具体的例子。

◇建立所学内容与鲜明的具体例子之间的联系，这样的联系能使你更好地理解课程。

◇创设与你自己的经历或记忆相关的例子是最有效的，不过，如有可能，在你达到这一水平之前，你组织的每个例子最好都能让专家或教师参与审核。

当同种信息以两种形式——文字与图示——呈现时，你就有两种记忆该信息的方式。不过，我们通常建议结合使用视觉与文字信息以提高学习效率。

◇当你浏览课程材料时，请找出伴随材料信息的视觉型表征，并将其与文字进行对比。

◇合上材料，尝试用文字描述视觉型表征。

◇另选时间，进行相反步骤：阅读文本，尝试创建你自己的视觉型表征。

◇无论你是否喜欢材料中的图片或文字，这一学习策略都将发挥效用。

◇尝试绘制出你记忆中的内容，以此作为信息的提取练习。

提取练习（强化学习）

在自主学习中，你可以利用提取练习来促进学习。这一策略的实施关键是确保你能将记忆中储存的已学信息提取至思维。有多种不同的方式可助力你进行提取练习：

◇如果你的老师布置了练习测试，或教科书中有不少练习题，那你应努力攻克它们——但切记不要看书或看笔记！在你答完这些题目后，及时检查答案是否准确。如果有问题回答错误，那就回到书中或笔记中的相应部分进行复习巩固。如果你发现自己在理解某些概念或观点上感到困难，那就回到本书的

第十章，尝试使用一些策略来强化你的理解能力。

◇如果你没有练习题（或这些题目已做过很多次），那就自己创设问题。这一过程很耗时间，所以你可以先组建一个学习小组，让小组中的每个成员都创设一些问题，然后彼此交换。问题的内容必须与你所学或要学的内容相关，且不能太简单。问题最好能帮助你回顾所学材料并指导你重构信息，因此，设计的问题就不能仅仅包含那些关键术语的定义，还应涵盖更多的信息。换言之，定义虽然重要，但不是唯一的必学。尝试创设更为广泛的问题吧，最好能涵盖更多主题的描述与解释，甚至与你自己设计的具体例子也能相互联系。

◇如果你对提出问题感到困难，那你可以尝试在白纸上写出所有记得住的内容。如果你有大量的信息需要记忆，那就先将它们分成不同的组块。教科书中的页眉或教师提供的一般概念可以作为回忆这些信息的提示。当你完成了回忆的过程时，你再回头对照课程材料检查是否有遗漏的信息，并找出那些还需要补充学习的内容。

◇你可以制作抽认卡来进行提取练习。最简单的做法是：在卡片的其中一面写上问题或提示，然后将答案写在另一面。使用的时候，看着卡片的问题所在面，尝试思考答案。不过，你需要确保自己的确是在记忆中提取答案。有学生时常会和我们反映说，他们在看问题的时候，会有一种自己已经知道了答案的感觉，不过这种感觉中的答案与从记忆中提取的完整答案并不相同。换言之，为了确保你的确是在进行提取，你可以尝试在一张白纸上写出答案。提取的过程结束后，你可以翻开卡片以查看正确答案。值得一提的是，有很多应用软件都支持抽认卡的制作，喜欢的话不妨一试。

◇提取练习不仅要提取那些你写在抽认卡上的简单概念定义，还要注意建立概念之间的联系，厘清不同概念的相似与差异之处。我（雅娜）的一名学生曾自主设计了一套抽认卡的使用方法，并以此抵达了更高水平的学习。具体来说，她设计了两套卡片——第一套卡片是概念，第二套卡片则是关于如何使用概念来进行提取练习的说明。例如，某张说明卡上是这么写的："选择两张概念卡并描述这两个概念的相似之处。"另一张说明卡上则写道:"选择一张概念卡并思考与之相关的现实生活中的例子。"(Adragna, 2016)

◇如果你喜欢绘写,你可以尝试绘制出记忆中所有的与某一主题相关的内容。绘制不用好看,只要对你有意义即可。根据记忆绘制的过程就是你在进行提取练习的过程!

◇绘制时,你也可以尝试将你的观点组织成为一份概念地图。概念地图是呈现各种概念及概念间联系的一种方式。具体而言,你可以先绘制一个圆圈,涵盖所有的概念或观点,而后连线概念并尝试描述它们之间的关系。有趣的是,一份概念地图同时也可以作为另一份概念地图的一部分! 所以,多多尝试根据记忆绘制概念地图吧!

请记得,提取练习是比较困难的。另一种学习方式——阅读与重复阅读笔记及教科书——可能会让你觉得简单一点。我(梅根)经常会告诉学生:如果测试内容是要你尽可能快地正确朗读教科书或笔记,那毫无疑问,你的备考策略就是反复阅读。但如果测试要求你记忆信息并将其应用至新情境,那你最好在备考中确认你能否做到这些! 总之,提取练习可以使你更灵活、更持久地学习与掌握信息。

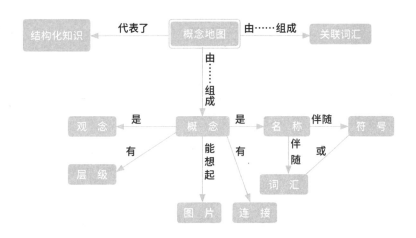

注意,不要被那些会让你自我感觉良好的策略所愚骗。事实未必如你所

想! 在你刚开始进行提取练习的时候, 你也许不能一下记住所有信息, 但这是正常的。因为没记住信息并不意味着你没有从提取练习中学到内容, 又或是提取练习"对你没效"。相反, 提取练习本身就有难度, 一定水平的难度能让你学得更好。坚持就是胜利, 你可以通过努力而在提取中回忆起更多内容。

常见问答

我该如何将这六种学习策略整合到我的学习日程或计划中去呢?

间隔练习可以帮助你规划自己的学习时间。提取练习是最重要的一种学习策略, 你在每次学习时都应有意识地进行这项活动, 它是所有关于你该如何学习的问题的解答。最后, 将精细加工、具体例子以及双重编码与提取练习结合使用效果更佳。祝你好运!

每种策略听起来好像都差不多, 我要如何区分它们? 另外, 我应该在一段时间内仅使用一种策略吗?

是的, 这些策略的确存在一些内容上的重叠。不过, 这不是一件坏事! 因为重叠意味着这些策略都不是独立的, 它们可以（也应该）结合使用。例如, 间隔练习就需要与其他策略结合, 因为间隔仅是关于学习在时间上的安排, 不能指导如何进行学习。提取练习可以也应该与所有策略相结合。具体地说, 结合精细加工, 你可以描述并解释如何以及为什么的问题。结合双重编码, 你可以根据记忆绘制所知所学, 然后用文字对绘制的信息进行描述。双重编码与提取练习的组合支持你使用多种信息的表征, 由此收获促进学习的双倍效果! 结合具体例子, 你可以根据记忆创设合适的例子。如果你对正在学习的主题有着丰富的背景知识, 那你就可以创设与这一主题相联系的具体例子, 并与你的朋友进行交换。你的朋友接着便可以描述与解释例子是如何与特定概念相联系的。没错, 我们正推荐你将提取练习、具体例子与精细询问融合到小组活动中去。

所以，尽管这些策略可以单独使用（当然，除了间隔练习），但它们可以也更应该相互结合。有一点值得说明，即和单独使用这些策略的研究相比，关于探讨策略的结合使用及其有效性的文献并不是很多。虽有不少证据支持间隔与提取练习的组合，但关于提取练习与其他策略的搭配效用的证据相对较少。这主要还是因为此类研究仍不够多。概括而言，基于我们的已知，结合使用这些策略应能使学习效果最大化，且有助于维持学生的兴趣与参与。

咖啡因对学习有害还是有利？

关于营养和大脑的迷思有很多，但咖啡因的积极效用并不是虚假的。一项最近的研究表明，咖啡——尤其是在你感到疲劳的时候，适量饮用——能够提升反应速度，提高对一项无聊重复的任务的坚持力（McLellan, Caldwell, & Lieberman, 2016）。一般来说，适量的咖啡因有助于维持注意。然而，关于咖啡因对记忆的影响的研究结论比较复杂，这种积极影响似乎并不稳定。但从某种程度上来说，咖啡因的确能帮助你在某个时段内聚焦于学习任务，这对你是有益的。

我在课堂中该如何更有效地记笔记？

我们对这一问题的回答不是来自认知心理学，而是来自一个与之相近的领域：应用行为分析。根据这一领域的研究，学生可使用"指导性笔记"来提升笔记记录和课程学习的效率（Barbetta & Skaruppa, 1995）。"指导性笔记"指的是在一张画有线索和空白框格的工作表中记录笔记。如此，在书写笔记的时候，就能将课堂中涉及的概念以"线索＋内容"的形式分别建立联系。相较于在 PPT 上向学生呈现教学要点，以及让学生自己制作那些没有结构的笔记，指导性笔记显然能带来更大的学习效果（Konrad, Joseph, & Eveleigh, 2009）。如果你的教师提供了这种指导性笔记，那你可就幸运了。如果没有，那你就认真手写吧，因为手写笔记比电子设备记录笔记更有助于留存你的记忆（Mueller & Oppenheimer, 2014）。

参考文献

Adragna, R. (2016, February). Be your own teacher: How to study with flash cards [Blog post]. *The Learning Scientists Blog*.

Barbetta, P. M. & Skaruppa, C. L. (1995). Looking for ways to improve your behavior analysis lecture? Try guided notes. *The Behavior Analyst*, 18, 155–160.

De Vivo, L., Bellesi, M., Marshall, W., Bushong, E. A., Ellisman, M. H., Tunoni, G., & Cirelli, C. (2017). Ultrastructural evidence for synaptic scaling across the wake/sleep cycle. *Science*, 355, 507–510.

Konrad, M., Joseph, L. M., & Eveleigh, E. (2009). A meta-analytic review of guided notes. *Education and Treatment of Children*, 32, 421–444.

Mazza, S., Gerbier, E., Gustin, M., Kasikci, Z., Koenig, O., Toppino, T. C., & Magnin, M. (2016). Relearn faster and retain longer: Along with practice, sleep makes perfect. *Psychological Science*, 27, 1321–1330.

McLellan, T. M., Caldwell, J. A., & Lieberman, H. R. (2016). A review of caffeine's effects on cognitive, physical and occupational performance. *Neuroscience & Biobehavioral Reviews*, 71, 294–312.

Mueller, P. A., & Oppenheimer, D. M. (2014). The pen is mightier than the keyboard: Advantages of longhand over laptop note taking. *Psychological Science*, 25, 1159–1168.

Smith, M., Robinson, L., & Segal, R. (2016, June). How much sleep do you need? *Help Guide. org*.

第十三章
给家长的建议

间隔练习

在每个学年或学期开始之初，帮助孩子建立一份本学年或学期的学习规划，并协助孩子坚持实施。

精细加工

当孩子在写作业的时候，你可以尝试问他们现在所学的内容与本学年之前学习的内容有何联系。

具体例子

列出来自你身边的、可与孩子在学校的所学内容相联系的具体例子。

双重编码

帮助孩子用图示和文字两种形式来呈现概念，可绘制简单的示意图并附加解释。为了增加乐趣，你可以与孩子轮流绘图、描述概念，将这一过程变为一场游戏吧！

提取练习

当你鼓励孩子描述并解释信息时，你其实正在帮助他们进行提取，这有助于强化巩固他们的已学知识。

我们知道很多家长都对他们的孩子在学校是如何学习的十分感兴趣，而且想在家中辅导孩子的学习。我们也知道很多教师一直在寻找那些能推送给学生家长的教育建议。所以，我们将在本章提供一些可供家长参考使用的、用于帮助促进孩子有效学习的相关建议。

间隔练习（规划学习）

你的孩子将能在间隔练习中获得更多收益。重复很重要，但重复仅在信息以一定间隔呈现时才最为有效。因此，对学生而言，在温习最新学的信息的同时，也应注意对过去已学内容的回顾与巩固。

换个角度思考，与填鸭式学习相比，间隔练习更有效。当你的孩子在考前拼命"抱佛脚"时，他们耗费的时间并不能为长期学习带来积极影响。我们都知道时间有限，但孩子需要学习的知识量很大。划分一个个短时段的间隔练习将能帮助孩子学到更多。作为父母，这里有一些可用来鼓励你的孩子进行间隔练习的简单方法：

◇帮助你的孩子建立学习规划，并持之以恒。在每个学年或学期的开始之初，帮助你的孩子建立一份本学年或学期的学习规划，并协助孩子坚持贯彻这份规划。你可以向他们解释为什么需要间隔安排学习（你可在上述介绍中找到灵感）。当然，你的孩子在学习规划中所做的计划应取决于他们在学校的学习内容及所属年龄及年级段。例如，年幼一些的孩子可以规划时间用来阅读或参与学校的活动，而年长一些的孩子则需要自主复习已学内容以强化学习效果。如果你的孩子能逐渐养成每天在家花一些时间来巩固已学知识的习惯，那当他们遇到教师布置的家庭作业或面临即将到来的测试时，就更易于应对。

◇鼓励你的孩子复习已学知识。重复很重要，但重复仅在信息以一定间隔呈现时才最为有效。因此，让孩子在温习最新学习的信息的同时，也要让他们注意对过去已学内容的回顾与巩固。当孩子在家写作业的时候，你可以尝试询问他们现在所学的内容与本学年（甚至是前些年）已学内容之间有何联系。这样做亦能鼓励孩子进行交错学习。如第八章所述，交错（在不同观点之间进行来回切换）有利于学生发现不同观点的相似与差异之处。想要让孩子更进一步，你可以去向教师寻求一些适合孩子使用的学习资源，或额外的、能让孩子坚持学习的练习题，尤其是在漫长的暑假中。

◇妥善利用家庭作业。家庭作业之所以对鼓励孩子进行长期学习如此重要，原因之一在于家庭作业与间隔练习之间的联系。从理念上来说，家庭作业应给予孩子练习巩固学校所学内容的机会。也就是说，作业的既定目标不应是"答对所有题"，而应是让孩子学会付出努力以完成手中的每项任务。此外，还应确保孩子在完成作业后能够得到反馈（来自你或教师的），从而理解他们做错的地方。值得一提的是，如果是你给孩子的家庭作业提供反馈，那么反馈的重点就应聚焦于作业的内容，而非答对或答错的题目数量，更为确切地说：应努力思考如何让孩子从错误中收获学习经验，而不是给予惩罚。

发展理解能力

在你与孩子的对话和一起参与的活动中融入下述元素，可帮助发展孩子对这个世界的理解能力。注意，活动不要求必须是学术性的，你也可以在与孩子玩耍或陪伴他们的时间中帮助他们更有效地学习。

精细加工

◇鼓励孩子进行精细加工，询问他们应如何将学校的所学知识应用到每日的生活中。

◇以身边的事物为例，询问孩子关于这些事物"如何"以及"为什么"的问题。如果你自己也不知道这些问题的答案，没有关系，你可以与孩子一起探讨。但是，务必要在事后找到正确答案，这样你也可以收获学习！

◇如果孩子正在进行一项涉及问题解决的任务，如数学或科学，那你可以让他们尝试描述在每一个解决步骤中所做的事——准确地说，是让他们解释在问题解决的过程中所思考的内容。这样的精细询问可以使你发现他们是否有出错，且更为重要的是，这能帮助孩子更好地理解问题的解决过程。

◇列出来自你身边的、可与孩子在学校的所学内容相联系的具体例子。

◇对于年幼一些的孩子，你应该每周参与一次他们的课程，这样便于你及时了解孩子在学校中学习的主题及内容。

◇对于年长一些的孩子，不用担心你无法接触到他们的课程材料。当到了一定年龄时，他们会主动告诉你目前正在学习的内容，因为他们知道这样做能帮助自己进行提取练习!

双重编码

◇帮助孩子用图示和文字两种形式来呈现概念，可绘制简单的示意图并附加解释。

◇对于年幼一些的孩子，这一策略可能早就出现在你为孩子朗读书籍，而孩子边听你读边看书中图片的过程中了。在你读到特定的文字内容时，你的孩子也许会自发地指向与之联系的图片。此时，你可以停下朗读，并尝试向孩子解释图片是如何与文字联系的。

◇对于年长一些的孩子，你仍然可以利用图片或其他能够呈现他们所学内容的视觉型表征。如果你碰巧找到了一张与他们所学内容相关的图片，那就保存起来并与孩子一起讨论。

◇告诉孩子，在以视觉型表征呈现观点的时候，没有必要追求画面的艺术感。给他们展示能够如何快速地绘制一幅草图以阐释某一概念。

◇为了增加乐趣，你可以与孩子轮流绘图、描述概念，将这一过程变为一场游戏吧!

提取练习（强化学习）

◇在家中进行的提取练习可以很简单，比如询问孩子今天在学校里学了哪些内容。

◇如果你不是很了解孩子正在描述的内容，那也无妨，就让孩子尽情地说吧！当你鼓励孩子描述并解释信息时，你其实正在帮助他们进行提取，这有助于强化巩固他们的已学内容。

◇你同样可以鼓励孩子进行有间隔的提取练习。当孩子正在写作业的时候，你可以尝试询问他们现在所学的内容与本学年（甚至是前些年）之前学习的内容有何联系，并鼓励他们主动回顾已学知识以得到答案。如此一来，孩子便能成功地将间隔与提取练习这两种最强力的学习策略结合到一起使用。同时，还可以鼓励孩子进行交错学习——在不同的概念之间来回切换——从而帮助他们学会分辨不同的概念。例如，某个孩子正在学习减法，如果他或她能理解减法与加法的不同在哪儿，那就能促进减法的学习。又如，某个中学生正在学习微分，类似地，如果他或她对微分与积分的关系有所了解，那学起来必然事半功倍。

◇如果你无法鼓动孩子进行有间隔的提取练习，那就换种方式帮助他们。比如，让他们在白纸上写出自己的已知内容，帮助他们制作与学习内容相联系的抽认卡，为提取练习创建问题等。你要做的便是确保孩子能够将记忆中的已学信息提取至思维。值得注意的是，这些活动不能太难，也不能太简单。此外，你还可以向教师争取一些适合孩子使用的、可支持进行额外的提取练习的学习资源。

◇终极建议：确保你的孩子拥有充足的睡眠！如果孩子无法拥有充足的睡眠，那最好的学习策略也会变得"黯然失效"。睡眠对于巩固强化已学内容非常重要，它可以使孩子在间隔练习中获得更多的收益。更为关键的是，将学习间隔安排在考前几周（而不是在考前临时进行填鸭式学习），能有效地降低考前熬夜的可能性。换言之，间隔练习能让孩子安睡，而睡眠越充足就越能提升间隔练习的学习效率！研究表明，当学生拥有良好的夜间睡眠时，他们将能记住更多所学的内容，更快、更容易地回忆起那些被遗忘的知识信息。

常见问答

我的孩子每晚应该做多少作业？

以美国的教育经验来看，每个年级的孩子每晚大致应做 10 分钟左右的作业〔美国的一名三年级学生（8～9 岁），每晚可能需要花费 30 分钟的时间用来写作业〕。这一时长是有研究证据支持的，即不是在作业上花费的时间越长越好，而是要保持经常性地、有规律地写作业（Trautwein, Lüdtke, Schnyder, & Niggli, 2006）。所以，如果孩子花费的时间远超过这一研究所建议的时长，那你就应与孩子的教师进行沟通，询问他们布置超负荷作业的理由，或者，你的孩子在学校里可能需要更多的学习帮助。

如果我的孩子在学校表现不错，那我给孩子奖励是好还是坏？

我们都希望自己的孩子能自发地（真心地）喜欢作业和学习。当然，这种想法太过理想化——不总会出现。所以，对于那些孩子不怎么感兴趣的任务或学科，用一些外部的，如贴纸这般的小奖励（外在动机）无伤大雅。然而，务必要注意，奖励不能太过贵重，与实际任务不符的过高奖励会损害孩子的内在学习动机（Deci, Koestner, & Ryan, 1999）。

我在家还能做些什么以帮助孩子养成良好的学习习惯？

你能为孩子所做的最好的一件事，就是向他们"言传身教"有效的学习策略。如果你正在学习什么（一门语言、一种乐器或一份关于工作情况的展示），那就确保你在孩子的面前使用了这些策略。例如，雅娜的丈夫曾在某段时间内为几个月后的日语考试学习日语。于是，他通过使用基于间隔提取和交错学习原则而设计的学习软件，在孩子面前成功地示范了什么是有间隔的提取练习。在这一过程中，他没有强迫任何人参与，但孩子却能够看到他们的爸爸一直在进行规律且高效的学习。

参考文献

Deci, E. L., Koestner, R., & Ryan, R. M. (1999). A meta-analytic review of experiments examining the effects of extrinsicrewards on intrinsicmotivation. *Psychological Bulletin*,125, 627–688.

Trautwein, U., Lüdtke, O., Schnyder, I., & Niggli, A. (2006). Predicting homework effort: Support for a domain-specific, multilevel homeworkmodel. *Journal of Educational Psychology*, 98, 438–456.

术语表

Applied research（应用研究）：将我们在基础研究中所了解或掌握的内容应用于现实生活中的问题和情境。（第一章）

Attention（注意）：一种容量有限的认知资源，能够引导并维持集中于某种特定的刺激。（第六章）

Attentional Control Theory（注意控制）：那些可以更好做到注意控制的人能更有效率地选择注意的对象，并能更长久地维持注意，且在这一过程中不会发生注意分散或开始思维漫游。（第六章）

Bottom-up processing（自下至上的加工）：以刺激作为信息加工的始末，你会关注那些你想要了解或正在感知的信息，在此基础上，你会通过整合这些信息来尝试对其进行理解。（第五章）

Central executive（中央执行系统）：工作记忆的一个组成部分，负责协调其他过程的运作，但在文献中尚没有清晰的定义。（第六章）

Chunking（组块）：组织小块状的信息成为更大、更有意义的信息组块，如此便能更容易地储存在工作记忆中。（第六章）

Cognitive load（认知负荷）：我们的注意所能关注的信息总量；工作记忆加工信息的需求（详见知觉负荷）。（第六章）

Cognitive load Theory（认知负荷理论）：斯威勒的认知负荷理论与教育密切相关，该理论的主要观点是我们每一次都只能加工有限数量的信息，所以要尽可能地避免由无关或冗余的学习材料所产生的注意超载。（第六章）

Cognitive psychology（认知心理学）：是一种对思维的研究，包括研究感知、注意以及记忆的过程。（第一章）

Concrete examples（具体例子）：特定的故事、图片、类比以及其他可用于阐释抽象概念或观点的物件。（第八章）

Confirmation bias（确认偏误）：一种思维倾向，表示人们总是会去寻找那些能够证实自己观念的信息，或以能够证实自己观念的方式来解释信息。（第三章）

Consolidation（巩固）：激活记忆痕迹的过程，代表记忆在学习结束后得到强化。（第七章）

Correlational studies（相关研究）：表明相关性的研究，只能证明两个变量之间存在某种关系，但无法证实其中的某个变量能够引起另一个变量的改变。（第二章）

Curse of knowledge（知识的诅咒）：描述的是一种现象，即当你拥有很多与某事相关的经验时，你就会错误地认定它很简单或很普通。（第五章）

Declarative/explicit memory（陈述性记忆）：可以直接访问、用以说明记忆的内容和意识的记忆。（第七章）

Deeper processing（深度加工）：思考所要编码的信息的意义。（第九章）

Dual coding（双重编码）：对文字和视觉信息进行双加工。（第九章）

Elaboration（精细加工）：其中一种具体的精细加工法是询问自己关于如何以及为何的问题，并生成针对这些问题的答案。（第八章）

Empirical evidence（实证证据）：通过实验或观察所积累的知识；数据驱动的知识。（第二章）

Encoding（编码）：信息从短时记忆转移至长时记忆的过程。（第七章）

Engram（记忆痕迹）：一种记忆，以突触联系彼此且能被同时激活的神经元组。（第七章）

Experiment（实验）：一种研究问题的调查方法，研究者通过操控一个或多个变量（自变量）来测量相应的结果（因变量）。（第二章）

False memories（错误记忆）：对从未发生过的事情，或与事情的实际发生相异的记忆。（第七章）

Implicit memory（内隐记忆）：无意识或潜意识的记忆。（第七章）

Increased Saliency Theory（显著性强化理论）：注意资源的频繁切换会使某些事物变得更为突出或重要（更显著）。（第六章）

Individual interest（个人兴趣）：某人对某一特定主题的感兴趣程度。（第六章）

Interference（干扰）：当已学信息与新信息交互时便会发生。（第七章）

Interleaving（交错）：学习时切换于不同的观点或问题类型之间。（第八章）

Learning Styles Theory（学习风格理论）：支持学生以不同的方式进行学习，以视觉型和语言型风格为例，教学应匹配这些学习风格。（第九章）

Load Theory（负荷理论）：拉维的负荷理论区分了不同的负荷类型——知觉负荷与认知负荷。（第六章）

Long-term memory（长时记忆）：理论上，这是一种无限容

量、可长期留存信息与技能的资源。它主要涉及四个过程：编码、巩固、储存与提取。（第七章）

Mind-wandering（思维漫游）：产生了一些与你当前正在关注的任务无关或不相干的想法。（第六章）

Neuromyths（神经系统神话）：用以描述关于大脑的迷思的术语。（第四章）

Neuroscience（神经系统科学）：关于大脑结构和功能的研究。（第二章）

Perception（感知）：对感官信息的主观解释。（第五章）

Perceptual load（知觉负荷）：需要自下至上式加工的信息（感官信号）总量。（第六章）

Phonological loop（语音环）：工作记忆的其中一种关键过程，负责储存与操控语言或听觉信息。（第六章）

Procedural memory（程序性记忆）：关于任务的无意识记忆。（第七章）

Processing Speed Theory（加工速度理论）：描述了注意资源的工作效率，即我们处理信息的速度究竟能达到多快。（第六章）

Prospective memory（前瞻性记忆）：使我们能够计划去做某事。（第七章）

Qualitative data（质性数据）：不以数值呈现的数据（如文字、图片）。（第二章）

Quantitative data（量化数据）：以数值呈现或可相对容易转换为数值信息的数据。（第二章）

Randomized controlled trial（随机对照实验）：实验操控包括以下内容——设定控制组与仅改变其中某个变量的实验组，随机分配参与者（或学生）至每个实验条件中以使所有小组在实验开始时皆处于同等地位，对至少一个及以上的因变量进行测量以观察实验

组的操控是否能引起因变量的改变。(第二章)

Refutational teaching (反驳式教学)：包括三个关键阶段——事实、反驳以及（教导）植入。以呈现正确信息开篇，接着介绍迷思，而后解释为什么迷思是不正确的。(第四章)

Retrieval cues (提取线索)：能够帮助你回忆特定记忆的提示信息。(第七章)

Retrieval practice (提取练习)：从长时记忆中将已学信息提取至思维。(第八章)

Scaffolded retrieval tasks (为提取任务搭建脚手架)：提取线索或提示可为提取练习任务提供支持。(第十章)

Schema (图式)：预先决定好这个世界的分类及客体和人们的行为模式。(第七章)

Self-explanation (自我解释)：一种学习策略，学生尝试大声解释问题解决过程中使用的步骤。(第九章)

Sensation (感觉)：由你的感官系统所接收到的客观信号，包含五种类型：视觉、听觉、触觉、味觉以及嗅觉。(第五章)

Shallow processing (浅层加工)：仅分析信息的表面或浅层细节。(第九章)

Short-term memory (短时记忆)：一种容量小且临时性的资源，一般能维持 15 ～ 30 秒。(第六章)

Situational interest (情境兴趣)：你对周围环境的投入或参与程度，比如某个文本对你的吸引力程度或你对某课程的享受程度。(第六章)

Source Monitoring Framework (源监测框架)：一种解释我们是如何将信息来源归属至记忆的理论框架，有时候人们会将记忆归入错误的来源，如你会将一场梦当成真实发生的事情。(第七章)

Spaced practice (间隔练习)：在两个不同的时间点上开展学习

或练习。（第八章）

Task-switching costs（任务切换成本）：在两个或多个困难任务之间来回切换会降低效率与反应速度。（第六章）

Testing effect（测试效应）：提取练习对学习的益处。（第十章）

Test-potentiated learning（测试强化学习）：测试能强化后续的阅读学习。（第十章）

Top-down processing（自上而下的加工）：使用你的知识而非依赖特定刺激来理解某样事物；你的已有知识会对你正在接收的信息的解释带来一定影响。（第五章）

Visuospatial sketchpad（视觉空间模板）：帮助你储存视觉信息并为你规划使用视觉表象，同时亦能协助你创设心理地图和空间图像。（第六章）

Within-subjects design（组内设计 / 被试内设计）：每个参与实验的个体都作为一种变量控制；每个人需要参与体验所有的实验条件。（第二章）

Working memory（工作记忆）：一种由短时记忆发展而来的理论，由三个关键过程构成——语音环、视觉空间模板以及中央执行系统。工作记忆允许信息的短时留存与操作，并能将信息输送至长时记忆。（第六章）

Working Memory Theory of attention（注意的工作记忆理论）：我们所拥有的"注意资源"的总量取决于我们一次性能维持并处理多少信息。（第六章）

译后记

在教育领域，理论研究走向课堂实践的道路并不总是一帆风顺。一方面，理论知识在自研究者向下传递的过程中可能会因各种情况"失真"，如被那些受经济利益驱使的团体"过度包装"成教育商品，又如与那些来历不明的、处于半信半疑状态的迷思相混合，发展成为新的思维误区而为人们所错误相信。且基于确认偏见的存在，在信息不对称的情况下，一旦人们被这些迷惑性的信息所"引导"而相信，便难以纠正。另一方面，研究者与课堂教学的直接相关者——教师与学生之间缺乏相互沟通及信任。这是一个二层代沟的过程，对教师而言，出于难以接触理论研究及认为理解研究需要一定的专业水平等原因，他们并不太愿意投入应用那些基于实证的有效教学策略。那么，教师是如何进行教学的呢？答案是，绝大部分基于实践。教师与实证研究的代沟也由此决定了学生对基于实证的学习策略的接触少与不了解，因为学生很少会自己去探寻理论研究的成果并使用它们支持学习。

可见，关于学习的实证研究，也即学习科学与教学实践要比我们想象得更难以融合。由此，当务之急要做的有两项工作：第一，努力帮助人们摆脱关于学习的各种"失真"信息，从基于直觉的判断中走出，而选择建立基于证据的思考模式是避免为错误直觉与迷思所误导的关键；第二，将学习科学的研究成果真正地引入课堂实践，让教师、学生乃至家长都能直接接触到学习科学，加强学习的实证研究在一线课堂中的应用力度。

本书的写作目的也正在于此。《理解学习（配图版）》（*Understanding how we learn: A Visual Guide*）旨在引导人们展开一场"关于学习的学习"（Learn about learning）。具体而言，本书致力于实现四个方面的价值。

第一，加强人们对基于实证的学习科学的了解。

要想牢固树立人们对实证研究的信赖，就要从根源上帮助人们了解为什么直觉与迷思是不可信的。悉知，要想纠正那些根深蒂固的错误观点，一味地向人们呈现正确观点是不够的。因为人们只会分开对待这两种观点，即坚持原有错误的同时，亦肯定正确观点的存在。所以，解决这一问题的关键是指导人们如何辩证且连贯地去看待任一观点，即从呈现错误观点开始，讲述该观点为什么是错误及不可信的，接着呈现正确观点，对比观点，最后引用例子再次强调正确观点。本书的第一章至第四章旨在论述上述内容，并尝试说明循证教育（Education based on evidence）的必要性与重要性。

第二，增进人们对人类认知过程的基本认识。

学习科学的发展基于对人类认知过程的研究，这其中不仅涉及认知心理学，亦涵盖神经系统科学的相关内容。可以说，正是人们在感知、注意与记忆方面拥有的特征决定了有效的教学与学习必须要符合人类认知事物的规律。简单概括而言，感知是主观的，人们会使用自下而上与自上而下这两种信息加工方式来解读外界信息；注意是有限的，它只能被有选择性地分配给特定的对象；记忆是重构的，提取信息的过程亦是刺激、巩固、再强化记忆的过程，遗忘则是提取失败的表现。这些认知过程的特性亦由此决定了有效的教与学策略需涉及三个方面的内容：促进（精细的）信息加工、集中注意与加强记忆。本书的第五章至第七章综合介绍了上述内容，无论是教师还是学生，在使用为学习科学所推荐的、被证实为有效的教与学策略之前，都有必要了解生成这些策略的背后原理。

第三，促进关于有效学习策略的理解。

相信刚开始读到本书第三部分的你一定会有疑问：关于学习策略的研究那么多，为什么偏偏是这六种策略？美国教育科学研究院在为"组织教学与促进学生学习"的项目选择有效的学习策略时，制定了两条标准：一是策略具有可推广的普遍性，即不分年级、学科，适用于促进所有学生的学习；二是策略具有高度认可性，即很少或基本没有关于策略有效性的争议。由此，这六种学习策略脱颖而出。更进一步来说，这六种经由实证研究充分支持的有效策略对应于人类认知的三个基本过程，在注意方面，通过间隔与交错帮助学习者规划学习的时间与内容，提高学习时间内的注意力集中水平；在感知方面，通过精细询问、具体例子与双重编码促进学习者对信息的精细加工，提升对学习内容的理解能力；在记忆方面，通过提取练习加强学习者对信息的提取和使用，强化对已学信息的记忆能力。本书的第八章至第十章系统阐述了这些学习策略的内涵，并介绍了教师与学生在策略使用中出现的常见错误。

第四，指导关于有效学习策略的实践。

任何一本关于如何进行教与学的指导的书籍都不能仅为教师所写，因为学生才是使用这些策略的真正利益者。本书的第十一章至第十三章便是关于不同对象进行策略实践的相关探讨。在提倡以"以学习者为中心"（Students-centered）的教学理念时，我们不仅鼓励教师将真正的课堂还给学生，还支持学生主动接触并使用基于实证的学习研究成果。另外，家长作为教育系统中的另一重要相关利益者，其对学生学习的影响作用亦不容忽视。但如何发挥家长的积极作用却是个很难回答的问题。就现状而言，很多中小学可能会布置一些要求家长与孩子共同完成的作业或任务。不可否认，这的确是个探索联合家长、学生与教师三方教育作用的积极尝试，但也忽视了对这种学习是否有效的深刻质询。例如，教师希望家长能帮助孩子一起整理本单元的学习内容。此时，很多家长可能就会认为这一任务是要求帮助孩子一起"抄书"，如此一来，就会失去"整理"内容的真正意义。可见，为了能更好地支持学生的学习，不仅是教师，家长也应对学习以及如何辅助学习（Scaffolding）的过程有正确的理解。这亦是本书值得推荐的重要原因之一，即本书既组织了一场学习科学与教学实践的落地交流，亦建构了研究者、教师、学生乃至家长之间的沟通渠道。

本书较为有趣的另一个特征则是书中使用了大量的插画。插画作为可视化表征的一种类型，根据双重编码的原则，具有促进信息理解的作用。这大概在其他同类的学习科学的相关书籍中较为少见。但不可否认，视觉与文字信息的结合的确能强化理解、加深记忆。为此我还特意做了个小实验，在本书结稿的四天后开始写译后记，并测试能否回忆出书中用于表征六种有效学习策略的图绘。显然，结果是信息提取成功。虽然不能同样以画的形式呈现，但我可以用文字来描述出每张图绘的特征，如"具体例子"的图绘是"一个小人将写有例子的包裹投入到'我的文件夹'"中，"交错学习"的图绘体现了"一个小人在交错呈现主题的上坡中不断接近终点"的过程。值得一提的是，这个小实验不仅验证的是双重编码的有效性，还能说明间隔（四天后）与提取练习（回忆）的积极效果。

本书易读、易理解、趣味十足且实践指导性强，相信作为读者的你，在本书的阅读过程中与阅读结束后亦会有不少收获。当然，除了阅读本书，我们也推荐读者探寻更多关于"学习科学家"项目的相关信息。本书的作者雅娜·温斯坦博士和梅根·苏默拉克奇博士都是致力于将学习科学的研究成果推广至更广领域、服务于更多人群的认知心理学家。若读者对学习科学感兴趣，我们亦推荐阅读由唐纳·威尔逊（Donna Wilson）和马库斯·科尼尔斯（Marcus Conyers）所著的《元认知学习：策略、活动与课例设计》（*Teaching Students to Drive Their Brains*：*Metacognitive Strategies, Activities, and Lesson Ideas*）以及由理查德·E·梅耶（Richard E. Mayer）所著的《应用学习科学——心理学大师给教师的建议》（*Applying Science of Learning*）。上述书籍均有中文译本，读者可配合本书阅读以获得更完整的关于学习科学的相关认识。

　　本书由浙江大学教育学院课程与教学论专业博士生陆琦翻译，浙江大学教育学院教授盛群力指导翻译并担任全书译稿的审订工作。我们衷心地希望本书能够受到广大教师、教研员、培训从业人员、师范院校学生以及家长等读者的关注，对促进学习科学与课堂教学的融合、提升教学质量、培养学生自主学习有所裨益。

　　欢迎读者对本书翻译中出现的疏漏予以指正！

陆琦

2020 年 3 月写于杭州

图书在版编目(CIP)数据

理解学习:配图版 /(美)雅娜·温斯坦,(美)梅根·苏默拉克奇著;(英)奥利弗·卡维格利奥里绘图;陆琦译.— 上海:华东师范大学出版社,2023.ISBN 978-7-5760-4049-4

I. G632.421

中国国家版本馆 CIP 数据核字第 20246GM490 号

大夏书系 | 培养学习力译丛　盛群力 主编

理解学习(配图版)

著　　者	〔美〕雅娜·温斯坦　梅根·苏默拉克奇
绘　　图	〔英〕奥利弗·卡维格利奥里
译　　者	陆　琦
审　　订	盛群力
策划编辑	李永梅
责任编辑	韩贝多
责任校对	杨　坤
装帧设计	奇文云海·设计顾问

出版发行	华东师范大学出版社
社　　址	上海市中山北路 3663 号　邮编 200062
网　　址	www.ecnupress.com.cn
电　　话	021-60821666　行政传真 021-62572105
客服电话	021-62865537
邮购电话	021-62869887
地　　址	上海市中山北路 3663 号华东师范大学校内先锋路口
网　　店	http://hdsdcbs.tmall.com/

印 刷 者	北京密兴印刷有限公司
开　　本	700×1000　16 开
印　　张	16.5
字　　数	235 千字
版　　次	2024 年 11 月第一版
印　　次	2024 年 11 月第一次
印　　数	6 000
书　　号	ISBN 978-7-5760-4049-4
定　　价	72.00 元

出 版 人　　王　焰

(如发现本版图书有印订质量问题,请寄回本社市场部调换或电话 021-62865537 联系)